陈妍 著

真正的教育在家庭

给亿万中国父母的智慧之书

中国出版集团　现代出版社

图书在版编目（CIP）数据

真正的教育在家庭 / 陈妍著. —— 北京 : 现代出版
社, 2018.12

ISBN 978-7-5143-7564-0

Ⅰ.①真… Ⅱ.①陈… Ⅲ.①家庭教育 Ⅳ.①G78

中国版本图书馆CIP数据核字（2018）第274546号

著　　者	陈　妍
责任编辑	杨学庆
出版发行	现代出版社
地　　址	北京市安定门外安华里504号
邮政编码	100011
电　　话	010-64267325 64245264（传真）
网　　址	www.1980xd.com
电子邮箱	xiandai@cnpitc.com.cn
印　　刷	三河市金泰源印务有限公司
开　　本	880mm × 1230mm 1/32
印　　张	7.5
字　　数	168千字
版次印次	2019年3月第1版　2019年3月第1次印刷
标准书号	ISBN 978-7-5143-7564-0
定　　价	39.80元

自序

父母到底能给孩子什么？
——写给每一位爱孩子的父母

日本作家伊坂幸太郎说："一想到为人父母居然不用经过考试，就觉得真是太可怕了。"我深以为然，所以自从孩子出生的那天起，就有一个声音在我的脑海中盘旋："你到底能给他什么？"

一开始，我从各种育儿书籍中寻找答案，我给了我的孩子科学的养育知识，精心的身体护理，感官触觉的早期开发……彼时的我，像拿着一本菜谱学做菜的人，看起来什么都懂，万事俱备，但心里依然有太多的惶恐和疑问。

后来，我在各个家庭的养育实例中去寻找答案，从那些成功父母的身上吸取经验，我给了我的孩子充分的自由空间，让他发挥自己的天性，培养爱好。可是越是践行着别人的育儿方法，就越是感觉自己内心的匮乏。

我还是在不断地问自己："给我的孩子什么，才能保证他平安顺遂地过好这一生？"是金钱？知识？强健的体魄？还是人见人爱的高情商？

为孩子积攒金钱，他或许会挥霍掉；

教授孩子知识，时间久了他会淡忘掉；

小时候孩子的身体再好，也不能保证他将来不熬夜、不抽烟喝酒；

人见人爱的背后，可能是压抑自己的快乐和欲望……

所以，看似答案很接近，但又好像永远不得要领。

在我寻找的过程中，孩子也在不停地疯长，从牙牙学语到会跑会跳，从幼儿园到小学生。可能等不到我找到答案，他就已经长大成人，走出家门。

某一天当我为他背上书包，看他走进校门，我照例对他说"加油"，他回过头来对我说"谢谢妈妈"，突然间我发现自己有了答案。

世界上没有绝对完美的育儿方式，父母给予孩子的东西再多，也没办法帮他们过好自己的一生。我们能留给孩子的，无非是似水流年中为他们做的每一餐饭、添的每一件衣，以及一天又一天累积起来的平凡且琐碎的生活。

将来孩子也许不记得你教他背了多少首古诗，但他一定会记得依偎在你怀里一起读书的温情；他或许不记得你给他买过多少玩具，但他一定会记得收到礼物时的那份满足和欣喜。

父母到底能给孩子什么呢？

我想，那应该就是区区数十年，彼此相依相伴共同走过的日子。

　　因为你做的一切，孩子都会看见，并且会以此为蓝本，谱写他们自己的人生。所以，父母其实真的不需要刻意留给孩子什么，努力做好自己就可以了。

陈妍

目录

第五章

情商高的孩子，人生更加开阔

第六章

孩子要"养"，更要"护"

第一章

有好的家庭关系，才有好的教育

婚姻里有一种信任叫"开心就好"

01

王先生和几个工作上的朋友组建了一个微信群。群里人不多，其中王先生年纪最大，另外两个固定搭档，一个是三个月宝宝的爸爸，另一个是跟女朋友关系稳定、准备结婚的准新郎官。他们在群里互相交流行业动态是假，娱乐休闲是真。

但他们的娱乐休闲，也仅限于线上聊聊天、吹吹牛，线下约饭喝酒。约酒约饭的地方也都离家不远，散了之后基本上都能步行回家。每次聚会的时间也不能太晚，因为其中一个小伙伴的门禁是晚上11点。

有一天，他们几个人吃饱喝足，酒劲上头，也不知是谁想出的主意，大家轮流发微信视频，跟老婆要500块钱。

第一个小伙伴，电话接通之后义正词严地说："给我微信上打500块钱。"对面是他抱着小奶娃的妻子，还有他的亲妈和亲姐，隔着视频都能看到三个女人青紫的脸色，朋友顿时酒醒了，赶快说"我开玩笑的"，然后吓得立刻把手机关了。

大笑他"尿"。

第二个小伙伴接通电话，不给对方时间反应，张口就说："给我微信上打500块钱。"对方愣了两秒，骂了一句"神经病"后挂了电话。但过了一会儿，他微信上真的收到500块的转账。

而第一个小伙伴因为关了手机，老婆没办法转账给他，只好给他的支付宝打了500块。但他还是因为太害怕，不敢立刻回家，只好拉着这一帮人又去约了第二场。

02

王先生跟我复述这个经过的时候，我快要笑死了。我很好奇，问他为什么不给我打视频电话。

他说："给你打没意思。你肯定会立刻给我转500块钱，完全达不到他们想要的戏剧效果。"

王先生说得很有道理，因为我很可能真会这样。不是我心大，而是我和王先生已经达到了一种"你一张嘴，我就知道你心里怎么想"的境界。

一来，跟老婆要500块钱，是男人之间最喜欢玩的"比比谁在家地位高"的幼稚游戏。二来，男人真心想去做坏事，根本不会打电话跟家里报备。三来，几个大男人，没一个身上有500块钱，可见家里的财政大权应该都在老婆或女朋友手里。

03

对于王先生喝酒这件事，以前我很反对。作为北方男人，王先生是属于无酒不欢，但酒量又不怎么样的那一种。

我不喝酒，他在家只能独酌，所以他才爱和老乡聚会，才会跟小伙伴们约饭约酒。我能理解他和老乡聚会喝的不是酒，是乡愁，但每次他出去喝酒，我心里还是不太乐意。令我豁然开朗的是，有一次我向朋友抱怨后，她默默地给我发来个段子：

听说女人都喜欢这样的好男人：早上6点准时起床，晚上9点准时睡觉。不抽烟，不喝酒，不泡妞，没绯闻。不藏私房钱，不乱花，不赌博，不玩微博和网恋。稳重、随和，每天不是静静地思考着未来就是读书学习，非常听话，衣着整洁……这样的男人是有的，他们都在监狱里。

想想还真是这个道理，一个看起来各方面完美无缺的男人，可能私底下会有你想象不到的阴暗面。

弗洛伊德说过，凡是排泄都有快感。既然人都会本能追求本我的快感，不如让他自己找到一个排泄欲望和负能量的缺口，也未尝不是好事。

04

我也曾经想过，如果没有和王先生在一起，自己会不会更幸福。答案是，如果再给我一次机会，我可能还是会选择跟他在一起。因为我们给彼此带来的安全感，是任何人都无法比拟的。

比如，王先生任何时候都不会挂我电话，哪怕再忙，也会在接通之后飞快地告诉我"等下回你"。而我自己却做不到，我会因为不想中断自己跟别人聊天的思路而挂他的电话。

现在我跟王先生生活在一起的时间，早已经超过了他跟他父母生活在一起的时间。

熬过了生孩子的前三年，婚姻便来到一个豁然开朗的局面。虽然我们在别人眼里仍然是极不相称的一对，但爱情和婚姻考验的不是两个人有多少相同的地方，而是在不同之处，能否彼此欣赏、谅解。

比如，他会欣赏我的审美，会称赞我的文章写得好，我也喜欢他拍的照片赏心悦目，把他视为我的精神支柱。

05

想要维系一段婚姻，控制权不可能只掌握在一个人手中，它需要两个人互相为对方付出。

所以我从来不认为，老婆或老公在家需要拥有绝对的控制权，即便他出于某种目的暂时屈服了，但此处的压抑总会在别处爆发。

日本生活美学大师松浦弥太郎说过，真正的爱，是让对方活成自己。我爱你，仅仅因为你是你。

如果，婚姻不被祝福，自己就要加倍努力。能熬下来的不容易，挺不过去的也很合理，不如平常心对待。

作为父母肯定都怕子女在感情中受到伤害，但是即便明知他会受伤害也应该让孩子自己去承受。四海八荒法力无边的白浅上神都逃不过情劫，凭什么你我一介凡人能幸免？

所以，正如王先生说的那样，无论何时何地，只要他发来视频说要500块钱，我一定给钱送微笑，静静看他表演，因为那真的是一种发自内心的"你开心就好"。

别把对孩子的爱，
变成对孩子的绑架

01

一个普通的晚上，王先生坐在灯下，像所有慈爱的老父亲一般，一边给孩子擦脚，一边漫不经心地说："儿子，现在是爸爸帮你擦臭脚，等将来你长大了，我老了，你会帮我擦脚吗？……"

这样的问题，对孩子来说显然是个坑，因为无论怎么回答都是错。

回答"会"，等于是让孩子说谎，因为几十年以后的事，年幼的孩子根本无法预料。他只是按照你的"期待"，给出一个你想要的答案。

如果这个答案被反复强化，将来等到你真的需要有人帮忙擦脚的那一天，孩子如果因为一些客观原因无法来到你身边，他就会背上"不孝"的心理负担。

回答"不会"，孩子或许是遵从了自己的内心和认知，但这个答案又会打击到爸爸的自尊心，爸爸心里不免会想：这孩子将来肯定是个白眼狼，还这么小就这么自私。我现在对他再好，将来也得不到回报……

也许今后爸爸会一如继往地对孩子好，但这种"好"的背后隐藏着怨气，在忍不住的时候就会说"我对你付出了多少多少""都是因为你，我才如何如何"。

这样的话，会让孩子觉得父母对他的好都成了算计，父母是在投资，在计较自己的得失，并不是发自真心对他好。

02

我当然明白，王先生那样问孩子，并不是要孩子立刻在当下就做出保证，保证一生一世无条件孝顺父母。

很多时候，父母问孩子"长大了，你会不会也对我好"，其初衷只是想教孩子在享受他人关爱的同时，也要懂得孝顺和感恩。所以，他们在给孩子做了饭、买了零食，甚至盯着孩子做了一晚上作业之后，都会忍不住问："我现在对你好，你长大了会不会也这样对我？"

可是，无论爸爸妈妈有多么爱孩子，都不要随意问一些连自己都不确定的问题，并以此考验孩子对你的爱，否则最终只会换来一个"双输"的局面。

《广州日报》上曾经刊登过一篇《卖房送独生女留学，如今女儿执意远嫁》的文章，文章讲述一对父母为了能让女儿有一个美好的前程，不惜卖掉房子，省吃俭用供女儿出国留学十年的故事，开头非常励志感人。

当女儿终于不负父母所望，完成了学业，并在国外找到工作和男友的时候，父母却以"无法接受女儿毕业后嫁给外国人"为由，逼迫女儿回国，甚至不惜以"断绝父女关系"作为要挟。

究其原因，父母真正担心的是，如果女儿不回国，"将来我们老两口老了谁来照顾"？

"养儿防老"一直是我们的传统家庭观念，在这种观念的影响下，生孩子多多少少被当成了一项投资，既然是投资，就很难不去想回报，不管父母为了孩子如何呕心沥血、倾其所有。于是，"父母在，不远游"也成了孩子的桎梏。从小在这种观念中长大的孩子，一边接受着父母提供的衣食住行，一边又惴惴不安，生怕哪一天就会迎来一场清算。

温顺一点的孩子会想：爸爸妈妈为我付出了那么多，我要乖乖的才对得起他们。将来我不能对他们不好。叛逆的孩子会想：爸爸妈妈对我好是应该的，因为他们将来要依靠我养老呢。

父母的心里有多缺爱，才会如此匆忙地让孩子用稚嫩的承诺来兑现他们将来的安全感？其实，人最不能承受的重量，不是有形的重量，而是无形的"情"。没有人喜欢欠人情，没有人希望背负着人情债生活。即便是我们最亲近的孩子也一样，他们不希望欠我们人情。因为欠了就要还，要背负你的希望活着，如此就很难活成自己想要的样子。

03

我曾经觉得，养孩子就像放风筝。线太短，怕风筝飞不高，放长线，又担心收不回来。把孩子当成风筝，其实我在乎的还是自己内心的安全感。可是，孩子到底不是没有灵魂的风筝，他们注定会成长为羽翼丰满的小鸟，对着广袤的蓝天跃跃欲试。

仔细想想，孩子从出生到成年，打足了算，跟父母在一起生活的时间不会超过二十年。

二十年，对于一个孩子而言，是翻天覆地的变化。但对于成年人，不过是生命的四分之一。

作家刘墉曾在书里说："父母跟孩子相处，最简单的方法就是——把孩子当客人。"把孩子当客人，关心但不过分溺爱，教养但不过分苛责。客客气气，互帮互助，把父母子女的这场情分做足做好。

当你爱一个人，对他付出是一种本能，也是一种需要，你只要去做就好了，不要一直提醒对方，你这么做是为了他，要他领情。因为那个情太沉重，他会受不了。

万一有一天孩子被逼急了，可能会说："又不是我让你这样付出的……"

是的，没有人逼你付出。你这么做，不过是因为你愿意。

04

养儿若是为了防老，时间太长，成本太高，作为一项投资，只能是高风险低回报。父子母女之间最好的状态，应当是彼此给予陪伴，然后有力量各自去过自己的生活。

电影《无问西东》里，沈光耀妈妈的一段话令我印象深刻。沈妈妈得知唯一的儿子要参加空军，立刻从香港赶到昆明，只为了对儿子说："当初你离家千里，来到这个地方读书，你父亲和我都没有反对过。因为，是我们想你能享受到人生的乐趣，比如读万卷书行万里路，比如同你喜欢的女孩子结婚生子。注意不是给我增添子孙，而是你自己，能够享受为人父母的乐趣。你一生所要追求的功名利禄，没有什么是你的祖上没经历过的，那些只不过是人生的幻光。"

沈妈妈当然害怕失去儿子，但比起丢掉性命，沈妈妈更怕的是儿子拼尽一腔热血，只是为了追求人生的幻光，从而失去享受其他人生乐趣的机会。

这才是为人父母者养育孩子应该有的心态吧！

你对孩子的付出，只是因为你爱他，你想要这么做，并且从中能够感受到幸福。所以不管是父母还是孩子，都不要让彼此背负过于沉重的包袱。

每个人只要能对自己的幸福负责就好。

教育孩子，从全家人一起吃饭开始

01

说起家庭团聚的温馨画面，莫过于一家人围坐在一起吃一顿饭。不需要多丰盛，可口的三菜一汤，一家人说说笑笑地吃完，就能有满满的幸福感。

但这种平凡的幸福，却不是人人都能拥有。

我上小学的时候，妈妈上班的时间是从中午12：30到晚上8：00。所以我印象最深的就是，每天中午当我背着书包回到家，看见的总是妈妈解下围裙匆匆离去的背影。

晚饭就更简单了，一般是中午的剩菜，我自己一个人热了吃。

平时家人吃饭凑不齐，记忆里也几乎没有特地到外面吃饭的经历，即便婚丧嫁娶亲朋好友聚在一起，吃饭也像是完成一项任务，彼此之间没有任何情感交流。

02

等我有了自己的家庭，在我辞职之前，因为我们家每个人回到家的时间不一样，我们家从下午5点到晚上8点都是晚饭时间。

孩子下午4点从幼儿园接回来，5点左右我妈陪他一起吃一顿。我下班比较晚，到家已经7点多。王先生会等我回来一起吃，但有时他店里有客人，只能我自己先吃，他等客人走了再吃。

不是不渴望每天一家人坐下来好好一起吃顿饭，但为了生活，我们只好让"早饭随便吃，午饭食堂吃，晚饭轮流吃"成为一种常态。

家人之间的远近疏离就是这样一点一点吃出来的。

03

动画片《樱桃小丸子》里有一集，讲的是小丸子一家人打扮得光鲜亮丽，准备全家出去吃一顿牛排大餐。可是他们去的每个西餐厅都客满了，排了好久的队都轮不上，只好垂头丧气地回家吃。

回到家因为没有准备食材，所以只能简单地每人吃碗面，但小丸子却发现，原来无论吃什么，只要一家人在一起，哪怕只是一碗面，里面也装满了幸福的味道。

孩子小的时候对幸福的含义很模糊，也说不出什么深刻的道理，但和家人在一起吃一顿顿普通的饭菜，幸福也被同时吃进了他们胃里，温暖着他们幼小的心灵。

当孩子长大成人后，从前跟父母相处的片段能储存在脑海里的会越来越少，但身体和胃的记忆却会历久弥新。因为吃饭不仅是维持温饱的一种方式，更寄托着一个人对家庭的情感和美好回忆。

李易峰有一次接受采访，记者问他成名之后跟成名之前有什么不同，他回答说："没什么不同，只是不能按时回家吃妈妈做的饭了。"

每天想着回家吃妈妈做的饭的孩子，品行一定差不到哪里去。听到这样的回答，我不由得对这个大男孩格外有好感。

04

爸爸妈妈陪孩子一起吃饭，除了能让孩子收获幸福感之外，还有很多意想不到的好处：

和父母一起吃饭的孩子会更健康

父母陪孩子一起吃饭，能保证孩子的饮食结构更合理，吃得更健康。《家庭医学档案》上刊登的一项研究表示，全家一起吃饭时食物的含盐量和脂肪含量都会降低，孩子们接触苏打水和油炸食品很少，能够吃到更多的水果和蔬菜。

简单来说，陪孩子在家吃饭，孩子接触垃圾食品、地沟油的机会减少，同时吃到新鲜水果、蔬菜的机会增加，孩子的身体会更健康。

父母陪孩子一起吃饭，避免孩子交到坏朋友

美国哥伦比亚大学"全国上瘾与物质滥用中心"针对12～17岁孩子所做的一项研究显示，每周能和父母一起吃饭5次以上的孩子接触香烟、酒精和毒品的可能性，要比每周只能和父母一起吃饭不到2次的孩子低得多。与家人一起吃饭可以让孩子减少接触不良诱惑的机会，保持洁身自好。

父母陪孩子一起吃饭，
能缓解孩子的压力，减少孩子的心理问题

同一项研究也发现，经常和父母一起吃饭的孩子，在遇到麻烦时更愿意向父母倾诉，所以他们会更少产生轻生的念头，第一次性经历也会较晚些。

父母陪孩子一起吃饭，能促进亲子关系和谐

在一起吃饭的氛围里，父母更容易了解孩子最近的学习和生活，帮他们掌握新词汇，教他们如何交谈、倾听和解决问题。

一起吃饭的时候，每位家庭成员可以分享当天开心的事或者遇到的麻烦，又或者是对当天的菜色进行点评，共同制定第二天的晚餐菜谱，让孩子和父母一起下厨，等等。这些都是促进亲子关系的有利方法。

同时，孩子们还能更直接地从父母那里学到餐桌礼仪，学会尊重别人的口味。因为全家人一起吃饭时，不是每个人每天晚上

都能吃到自己想吃的菜色，这就能让孩子学会分享和妥协。

和父母一起吃饭的孩子，学习成绩会更好

父母经常陪孩子一起吃饭，这种良好的家庭氛围也有助于孩子的学习。

研究者发现，经常与父母吃晚饭的孩子在学校得A的比例，要比很少同父母吃饭的孩子高出近一倍。

可惜，现在的父母为了让孩子能有个更好的生活学习环境，变得越来越忙，忙得每天连陪孩子吃一顿饭的时间都抽不出。

如果真的做不到每天陪孩子吃饭，那么至少每周尽量抽出一点时间坐下来，陪家人一起吃顿饭。可以是自己在家做饭给孩子吃，也可以带上父母，全家人一起去外面吃，这样能让孩子真实地体会到家人的关爱，也能让我们的父母体会到家庭的温暖。

当然，吃饭只是形式，我们更想借助餐桌这个所有人都能到场的平台，来表达对孩子、对父母的关心和爱。

用碎片化的时间，
给孩子高质量的陪伴

"陪伴是最长情的告白"，这是一句经常出现在育儿书籍中的金句。这句话给年轻父母的启示在于，孩子是需要陪伴的，赚再多的钱，如果没有时间陪孩子都算不上成功。

不过鸡汤虽好，日子还是要过。大部分的家庭里，父母都需要靠朝九晚五的工作来维持正常的开支。即便是全职妈妈，每天也有大量的琐事需要处理，没有办法抽出大块的时间陪伴孩子，那这些父母又该怎么做呢？

如果爸爸妈妈每天没有整块的时间来陪孩子，也不要自责，其实，只要好好利用碎片化的时间，也一样能给孩子带来高质量的陪伴：

每天接送孩子的时间

孩子每天上学放学，最好是由爸妈来接送。

不要小看每天接送孩子的十几分钟时间，如果充分利用，也会是一个愉悦的体验。

如果步行，可以一边走一边跟孩子聊聊最近你觉得有趣的见闻，同时也鼓励孩子聊聊他在学校经历的趣事。

如果开车，可以让孩子观察沿途熟悉的风景有了哪些变化，和你一起分享。

如果实在不能每天接送孩子，可以约定好每周固定的时间由父母接送孩子，孩子会像盼望节日那样，对那一天充满期待。

准备晚餐的时间

每天下班回来之后，一边是一天没看到你、想你陪他玩的孩子，一边是等着下锅的饭菜，怎么办？最好的办法就是带着孩子一起做。

跟孩子一起准备饭菜是美妙的亲子时间，可以给孩子分配一些简单而安全的事情，比如，打鸡蛋、收拾桌子、摆放餐具、帮忙盛饭等。

你们一边做饭，一边聊天，告诉他胡萝卜里有维生素A，吃了会让眼睛变得明亮；大蒜能有效杀菌……这样既能弥补和孩子分离了一天的遗憾，又能给孩子上一堂生动的营养科普课。

晚饭后的时间

如果每天晚上6点吃晚饭，晚上8点多孩子睡觉，那么这两个小时的时间完全可以好好安排一下。

天气好的时候，可以和孩子一起出去散步、运动。如果刮风下雨不适合出门，可以陪孩子在家下下棋，不要把当父母的责任交给电视。

习惯了去健身房的爸爸妈妈，其实可以带着孩子一起去。大人能健身减肥，孩子也能从小培养良好的运动习惯。

处理家庭杂务的时间

家里总是会有杂七杂八的事务，比如交个水电煤气、去银行取个钱、排队买东西什么的。

妈妈们做这些事，以前往往都是见缝插针地挤时间去做，其实完全也可以带着孩子一起做。

只不过原来你5分钟可以搞定的事情，带着孩子可能需要30分钟。那也没关系，你们可以因此增加一段独处的亲子时间。

根据我的经验，孩子其实都很享受跟大人一起去"办事"的过程。带孩子出门办事的过程中，爸爸妈妈要记得以身作则，给孩子树立好榜样，不插队，有耐心，对办事人员要礼貌客气，这些都会被孩子印刻在脑海里，成为他行事的准则。

一起做家务的时间

家务是一个家庭基本的日常工作，除了上面说的做饭之外，还有大量的整理、清扫等工作。这些事情如果只有妈妈一个人做，那不但孩子得不到陪伴，妈妈也会身心俱疲。

可以让孩子参与到劳动的过程中来，整理自己的房间，帮助妈妈做一些力所能及的家务，比如扔垃圾、扫地、拖地等。既能锻炼孩子的自理能力，也能让孩子体验妈妈的不容易，还能享受分工合作的乐趣。

当然，还可以把爸爸也拉进队伍里来，大家一起干活的感觉，会比一个人默默在埋头苦干要快乐得多。

一起学习的时间

这里的学习，并不是指陪着孩子做作业，也不一定要一桌一椅坐下来，背唐诗、写大字、做习题。

"世事洞明皆学问，人情练达即文章"，学习是无处不在的，哪怕是你陪孩子蹲下来一起观察小蚂蚁，都是一种学习的体验。

我曾经在从武昌到汉口的地铁上，看到一对父女利用坐地铁的时间，玩了一路的猜谜语游戏，孩子笑得特别开心。

其实陪伴真的不是大人们想的那么困难，它哪怕只有短短的几分钟，都能成为孩子一天幸福的点缀。

学习的时间可以是一切等待、空余的时间。讲讲小故事，说说儿歌，再玩一玩游戏。大人们需要做的仅仅是，别一闲下来就捧着手机看。

睡觉前的时间

每天孩子睡觉前的那段时间，是最美妙的亲子时间。

说到睡觉前的陪伴，很多父母可能自然会想到讲睡前故事。其实同样是讲故事，我们也可以让形式变得更有趣一些，比如，我会让孩子用"劳动"来挣故事。他给我踩100下背，换1个故事。想听几个故事，就要踩多少下背。（当然我也是想让他消耗一下体力。）

当他先付出劳动再听故事的时候，会觉得听故事的机会"来之不易"，要好好珍惜，所以会竖起小耳朵听得特别认真。

我还会把他感兴趣的元素融合在一起，跟他玩那种"人事处"的游戏，让他自由发挥想象力自己编故事。有时不想讲故事，我就会把当天看到的新闻说给他听，他也很感兴趣。

巧妙利用孩子睡前的陪伴时间，既能增进感情，又能锻炼孩子的各种能力，爸爸妈妈尽可以发挥自己的特长和想象力，只要不让孩子过于兴奋，影响睡眠，形式可以多种多样。

一起旅行的时间

对于亲子陪伴来说，旅行是一种全方位立体化的游戏模式，需要你移步换景全身心地投入才能体验，但效果也让人惊喜。

在旅途中，我们可以暂时脱离生活和工作上必须面对的日常杂务，可以纯粹地和孩子一起享受旅途的风景和有趣见闻。

孩子也不再是平时在家里对你撒泼打滚的熊孩子，而是你旅行中的小搭档。

带孩子旅行，不一定要追求知名景点，哪怕你和孩子只是带着零食和水到近郊农村"探险"，也是不错的体验。

重要的不是去哪里、做什么，而是跟孩子一起去经历。

当然这里的旅游不一定是要刻意空出一段假期，而是随机利用你的时间，比如我有一个朋友，经常要出差，暑期她利用出差的机会带女儿去了趟北京和内蒙古，她女儿后来说，觉得这段跟妈妈独处的时间非常特别、非常珍贵。

不要觉得孩子是累赘，带在身边去哪儿都不方便，其实孩子能做的事，远远超出我们的想象。

节假日

很多父母可能都会有个感觉：节假日或者周末比上班还累，因为得开启24小时的陪娃模式。

这里面其实有个误区，很多父母之所以觉得放假陪娃特别累，是因为工作日无法陪伴孩子，所以周末会尽量把活动安排得满满当当，一天下来，不仅大人累，孩子也累。

其实高质量的陪伴，并不代表把活动安排得越多越好。吃大餐、逛动物园、去游乐场、办Party……这些都只是形式，不是目的。

对于那些工作忙碌的父母，节假日与其带孩子去挤迪士尼那样人山人海的儿童乐园，还不如静下心来好好地陪在他身边聊聊天、做做家务、玩玩游戏。

如果能为孩子提供丰富的内心体验，哪怕你们只是宅在家里，一起做做家务、玩玩游戏也会很满足。

说到底，陪孩子的时间就像海绵里的水，只要肯去挤总归是有的。关键是看你想不想，愿不愿意。

即便是寒暑假，也千万别再把孩子往培训班里一扔就完事了。也不要总是对想找你一起玩的孩子说"下次下次"。

孩子的成长，只有一次。

从小有父母疼爱的孩子，
长大了什么样

01

C姑娘买了辆新车，兴冲冲地开来给我看，带着她的新男友。

她说："姐，你看，爸妈全款支持我买的。"

尽管只是一辆十多万元的普通家用车，但C姑娘言语中透露出的既有小女生的自豪，也有大女生的自信。

C姑娘大学毕业后考上了事业单位编制，本来是皆大欢喜，怎奈单位太远，父母心疼女儿，于是拿出一部分钱，支持女儿全款买了车。可谁又知道，这对全款支持女儿买车的父母，只是一对下岗的双职工。

当年，C姑娘爸爸下岗后，身为工程师的他虽然内心清高，为了生计也只得去卖保险、跑业务。最终为了方便照顾家庭和C姑娘的学业，她爸爸选择了在家学习炒股并打理家庭，成了一名家庭妇男。

那个年代，全职爸爸尚不多见，何况是高学历的全职爸爸，但他爸爸丝毫没有自怨自艾，专心辅导C姑娘。

好在，C姑娘很争气。从小学一路成绩优异，中考考取了我们当地最好的省重点。报考大学专业，C姑娘为了减轻家里的负担，选择了全额奖学金的普通专业。

毕业后，C姑娘没有留在上大学的城市，而是选择了回家来当公务员。

对此我很不理解，我跟她聊过。

她告诉我："爸妈就只有我一个女儿，以后肯定也是想我留在身边的，他们为我付出了那么多，我也想回报他们，考公务员还算是一条比较可行的路。"

听完C姑娘的回答，除了感叹她的早慧，也对她小小年纪就能对自己有如此清楚的认识而刮目相看。

最终，C姑娘进入了本地一家很好的事业单位，又交了一个很不错的男朋友，爱情事业两不误。

C姑娘的父母，虽然没有办法给予她更好的物质生活，却给了她充足的爱和安全感。C姑娘脸上洋溢的自信微笑，就是最好的证明。

02

跟学霸C姑娘相比，Y姑娘更有自己的个性。

Y姑娘的爸爸因为兄弟姐妹多，从小就没怎么念过书，连写自己的名字都困难，后来学会了开车，成了一名大货车司机，一年有十个月都在全国各地跑，跟Y姑娘在一起的时间少之又少。

妈妈要照顾弟弟，料理家务，还要想办法打零工贴补家用，所以也没有多少时间陪她。Y姑娘跟她爸爸一样，念书没什么天分，却有一个独特的梦想，就是想像韩剧《我叫金三顺》里的女主角一样，成为一名优秀的甜点师。

开始的时候，她去蛋糕店打工，老板承诺会让师傅教她做蛋糕。可是等她升了店长，还是没人教她做蛋糕，于是她干脆辞了职，自己去上海学做蛋糕。因为在上海可以接触到世界顶级的甜品品牌。

Y姑娘的爸爸不太理解女儿的梦想，却在能力范围内给予了女儿最大的支持——为她支付了昂贵的甜点学校学费。

就这样，Y姑娘一个人去上海学到了梦寐以求的蛋糕技术，还留在了上海知名的蛋糕店工作。

现在Y姑娘在我们当地蛋糕连锁店做技术总监，每天负责设计蛋糕款式，以及教别人怎么做蛋糕。

与家人聚少离多的Y姑娘，在精神上也不算是富养，但这仍然没能阻碍她成长为一个既心怀梦想，又懂事负责的好女孩。

03

Z姑娘是我带的第一个实习生，第一次看到她的时候她才19岁。

Z姑娘给我的感觉就是"会玩"，哪有好玩的、好吃的，一问她准错不了，跟她在一起的时候，我们看电影、逛专卖店，一路开启的就是"逛吃逛吃"的模式。仿佛天生一副"不知愁滋味"的模样。

我离开原先的单位后，她也跳了槽。没过多久，她告诉我，因为一次去新加坡自由行的经历，她决定要出国游学。这不是临时起意、三分钟热度，为了实现这个计划，英语烂到爆的她真的啃起了书本，先去新加坡再去加拿大，美国也转了个遍。

再见面的时候，她在咖啡馆里向我介绍她的美籍华裔男朋友。一个高高壮壮的小伙子，很健谈很有礼貌，关键是和她在一起，全是充满爱意的注视和照料。

后来我才知道，Z姑娘的爸爸妈妈很早就离婚了，她是跟着妈妈生活的。我不知道当年她父母离婚的时候，她是怎么度过的，但可以看到的是，父母的离婚对她成年后的性格没有造成过多的影响，也因为她的乐观和"爱玩"吸引到了志趣相投又很爱她的男朋友。

想到女儿要背井离乡嫁到外国，起初她爸爸妈妈也是反对的，但是因为相信她的决定，也因为看到小伙子的真诚和善良，他们还是幸福地在一起了。

顺便说一句，男孩的家境不错，他们在去年有了自己的第一个女儿，并计划说至少要三个孩子。

微信朋友圈里Z姑娘最爱分享的是美食和旅行的照片，即便是离异家庭的孩子，父母之间感情没有了，也可以尽最大可能地保护孩子，避免孩子承受那些不必要的伤害。

04

这三位找到自己人生方向的姑娘，虽然各自家庭条件不同，成长经历不同，但其实都有一个共同点，那就是她们身后都有一对疼爱自己的父母，给予了她们最宝贵的关爱、支持和保护。

父母都知道疼爱孩子，但是这种疼爱并不是倾其所有的蛮力，疼爱孩子的最终目的，是要培养一个身心健康，有能力获得幸福的孩子。

从那三位姑娘的成长过程中，我们可以看到父母的疼爱应该包括这三个方面：

在关键时刻要给孩子支持

当孩子逐渐长大，有了自己的独立意志，有些事即使父母不同意，他们也会想办法去做。但在遇到人生重要决定的时候，孩子还是会慌，会希望从父母身上汲取力量。

Y姑娘的爸爸妈妈虽然不能经常陪伴在孩子身边，虽然自己的文化水平不高，但只要觉得孩子坚持的事情有道理，就会支持她去试试看。父母的支持，让Y姑娘去追寻自己的梦想时，有了无限的动力。

在能力范围内，给孩子一定数量、可以自由支配的金钱

少则一两元，多则三五元，孩子拿去存也好，花也好，不要管孩子到底会如何支配这些钱。孩子有了钱，就会有相对的自由，会用它们来实现自己的梦想。

哪怕就是去买东西，至少也能锻炼孩子与人交往的能力和选择决断的能力。

Z姑娘的父母虽然家里条件一般，但工作前父母给她零用

钱，工作后她自己的工资自己花，拥有了一定的财务自由，她才有能力去看外面的世界，遇到更好的人。

父母之间的问题，不涉及孩子

夫妻关系的维系是用感情，而亲子关系的维系却是剪不断的血脉相连。所以即使离婚会造成孩子一时情绪低落，也终会被时间慢慢治愈，更重要的是让孩子明白亲缘关系永远不会断，爸爸妈妈不管在不在一起都会永远爱他。

现在Z姑娘每次从国外回来，都会一起跟爸爸妈妈以及他们各自新组的家庭吃饭，就像是另外多了两个爸爸和妈妈。

05

人与人之间也许能力有大小、收入有高低，但是父母对孩子的爱，不会因此而改变。

当孩子到来的时候，尽管我们的内心并不确定什么样的教养方式才是对孩子最好的，但只要我们能心中有爱，那么将来我们的孩子就能多一些幸福的可能。

学会避开家里的权力之争

01

王先生很喜欢跟我分享他的梦境，某天他跟我讲了这样的一个梦：

梦里，孩子在画画，他坐在一边叫他，但孩子就是不理他，于是王先生的声调从一开始的轻声细语，变得越来越大，直至失控。

他梦里的我，则在一旁对他说："你够了，不要这样。"

他说在梦里，他非常痛苦。

本着对他的了解和一定的心理学知识，他一把这个梦说出来，我就知道了这个梦背后映射的问题。

在他的潜意识里，觉得自己被忽视了，他觉得在这个家庭里，没人愿意听他说话，没人在乎他。

说得直白一点，他觉得他丧失了这个家庭的控制权，从害怕无助变得愤怒，带有攻击性。

王先生在一周岁左右有过被寄养在别人家庭的经历，寄养结束后，两岁左右又被送去了托儿所。所以等到上幼儿园的年纪，其他小朋友还在经历和父母的分离焦虑，他已经成了园里的"老油条"，有点像电影《看上去很美》里的方枪枪。

　表面上看，他懂事非常早，其实这段经历对他的心理伤害非常大，所以他所要索取的回报和爱都是非常巨大的，但是他父母没有给予他修补的机会。

　于是，小时候温顺听话的他，刚进入青春期就开始叛逆，开始了在原生家庭中与父亲争夺控制权。

02

　王先生一直想要向父母索取当年所欠缺的陪伴和关爱，但一直不能如愿。现在他把索取的目标投射到他的配偶（我）的身上。

　有了孩子以后，很长一段时间我把关注和时间都放在了孩子身上，这种"被忽视"的感觉一次次地激怒了他。情绪累积多了，他就有了这个梦。

　这个梦映射的，其实不仅是他最近的感受，也是他长期以来存在的感受。

　在原生家庭里他觉得不受父母重视，结婚后觉得我父母对他不够重视（跟我弟弟比），有孩子后觉得我对他不够重视（跟孩子比），他每天都跟我说："我觉得你不尊重我，你家人不尊重我。"

　他所谓的尊重就是大家要听他的，他认为在这个家庭中，他没有权力，他是弱势。

他一辈子都在为追逐自己在家庭里的权力而斗争。

03

说了这么多，是想引入一个我一直在思考的问题——家庭里的权力之争。寻常人家，虽说没有皇位可继承，但在每个家庭内部，绕来绕去，一定都躲不过权力之争。

说得直白点，每个家庭都需要一个家长，一个话事人，负责这个家庭的繁衍生息，掌握着这个家庭的命脉。

这个人，在家庭里拥有至高的权力，但与此同时也要肩负起整个家庭的责任。一个家庭里几乎每一个成员都有可能在权力之争中蠢蠢欲动，但是真正说了算的永远只能有一个人，这就是整个家庭的大家长。

有一个特别生动的段子是：

一场婚礼中，司仪要做一个小游戏，说了一句："请新郎新娘的家长往前一步走！"

新娘的爸爸先是伸了条腿，然后转过头，看看新娘的妈妈，直到妈妈默许地点点头，他才敢真正地迈出那一步。

是不是很有意思？

看起来，一个家庭的家长一定是年长的最有权威的男性，但其实背后操控的可能另有其人。家庭中的控制权其实是一个环环相扣的死循环。

一般中国家庭中，大致会有几种权力之争的模式：

男性大家长的绝对控制

这种家庭模式在亚洲地区国家比较普遍。即，正值壮年的男性掌握着这个家庭所有的权力。

他们往往是这个家庭年纪最大最有威望，也是掌握财富最多的那个人。他们掌权的鼎盛时代，在这个家庭里用一手遮天来形容也不为过。但非常有意思的是，这样的家长在掌权时说一不二，近乎独裁，但步入老年后，权力会立刻被瓜分光。

大部分男性大家长，在退休之后失去了主要经济支撑的地位和社会地位，家里的权力会迅速被其配偶或是成年的子女所取代。

因为在这样的家庭里，通常是男人赚钱养家，女人做家务带孩子。所以家里什么都是丈夫说了算，但是丈夫一旦退休，他成了一个没有参与过孩子成长的老人，无法与成年子女建立感情，所以妻子便联合子女迅速将家庭的话事权据为己有。

女性大家长的绝对控制

前面举的那个新娘爸爸妈妈的例子，看起来爸爸是家长，但其实一切尽在妈妈的掌握之中。

因为人类是从母系社会演变而来的，女性掌握着生殖的权力，长久以来一直是以一种"资源"的形态存在，谁掌握着资源（包括性资源），谁就掌握着权力。

一般在中国的南方地区，偏向于这种模式。比较典型的是上海男人，他们上得了厅堂，下得了厨房。

　　这种家庭模式可能造成的弊端是，丈夫看似放弃了权力，是对妻子的尊重，而实际上他可能也放弃了自己应尽的义务。这样的家庭，会造就出一位无所不能的妈妈，以及妈妈强大的控制权。这样的妈妈，会在孩子幼年的时候，对其事无巨细地贴身照顾，等孩子长大后仍然不肯放权，所以常常会把家里的每个人都逼得透不过气来。

成年子女和父母之间的权力之争

　　生活在以上两种家庭中的孩子，到成年之后势必会跟父母发生权力之争。（这种争执其实在孩子年幼时也发生过，只是那时他们的力量太小，往往以失败而告终。）

　　王先生是男性家长绝对控制型家庭里出来的孩子，因为从小被压榨得太厉害，亲子关系又不牢固，所以他从14岁开始就不断挑战爸爸的权威，尝试离家出走，从此一直过着有家难回的状态。

　　这是新旧两股力量的碰撞，虽然最初的结果肯定是家长胜利，但过程则必定是两败俱伤。

　　这种家庭模式出来的孩子，特别是男孩，从某种程度上希望延续自己原生家庭的模式。

　　他们在青少年时期没有获得权力，会希望婚后在自己建立的新家庭里拥有绝对的权力。但问题是，在一个健康的家庭关系之中，王先生想要获得绝对控制权的方式，不会得到认同。

　　再来说说，女性大家长的家庭模式中，孩子与妈妈的权力之争。

这种家庭模式比较复杂一些，一般面对爸爸，孩子会极力抗争。但是面对妈妈，孩子却会退缩，既不想伤害妈妈，又不想让妈妈继续控制成年的自己。

我家就属于这种模式。在我家，我们连一个无处安放的眼神，我妈都会检查分析一下。

成年后，我和弟弟既不想跟妈妈争夺权力，又不想被妈妈干涉自己的生活，于是就给自己创建一个保护壳。

夫妻之间的权力之争

前面说了，王先生想要从我这里索取他父母没有给他的那一份爱（通过控制的方式），但是我没有给予回应。

我刚从妈妈的控制中脱离出来，不想被别人控制，也不想控制别人。我认为，每个成年人都应该要学着自己对自己负责，对家庭负责。所以我基本从不干涉王先生的生活，从来不查他的手机，他见什么人，做什么事，都是他自己告诉我。我希望自己和他都是自由的，但是我和王先生的不同认知和需求，难免碰撞摩擦，争吵翻脸。

但是我们都是成年人，有一套根深蒂固的理念，彼此都很难被说服。这种权力之争的演变，就变相体现在了孩子的教育方法不统一上。

这种现象在其他家庭中也同样存在，比如，爸爸觉得孩子不打不听话，而妈妈会觉得无论如何不能打孩子，这样就会在家庭中出现两套标准，孩子无所适从。

婆婆和媳妇之间的权力之争

紧接着上面一种，可以引出原生家庭与再生家庭之间的权力之争。

一个家庭最可能发生权力大战的时期，一定是有新的家庭成员加入的时期。比如新婚，比如孩子出生。其中以孩子的出生最为突出，谁掌握了孩子的抚养权，谁就能在3～5年内对这个家庭拥有绝对的控制权。

有的父母，因为孩子成年后脱离了他们的控制，所以变得焦虑不安。当第三代出生后，便借帮助带孩子的理由，重新回归到孩子的家庭中，通过控制新出生的孩子的抚养权来重新获得对家庭的控制权，从而引发了更多的矛盾。最集中的体现就是婆媳两代人的育儿观念不合，儿子和老公夹在其中左右为难。

带孩子的方法不统一、僵持的婆媳关系、婆婆对儿子的控制、媳妇对自己老公的控制等，这些问题的背后都是家庭内部的权力之争。道理很简单，一山不能容二虎，一家不能有二主。

一个家庭里永远只能有一个女主人，无论是婆媳档，还是母女档，都没得商量。如果不能互相妥协，家庭就会分崩离析。

04

我有一位从事心理学研究的朋友，是我见过的成长得比较好的男性之一。生活上他能自己买菜、做饭、织毛衣，工作上他条理清楚有规划，性格开朗，也能妥善处理好自己的负面情绪。

我们养育孩子，最终无非希望他能够自食其力，心智健全，并且拥有幸福的人生，所以我很好奇地询问过他的成长经历。

他告诉我，他家里的模式是这样的：大事是父母两个人一起商量，然后各自负责自己擅长的部分，比如他爸负责装修，他妈负责经营。

把合适的人放在合适的位置，这应该是比较正常的家庭权力的处理方式。而这种事，如果在喜欢争夺权力的家庭之中，就会形成一场"世纪大战"。因为每个人都想在这里争得一份话事权。

比如，他想把桌子摆在这里，你想在那里多开一扇窗，每个人都把眼睛放在别人身上，挑对方的毛病，无论如何没有办法形成真正统一的意见。家里所有的人都绞杀在一起，一起窒息，一起沉溺。

中国家庭，虽然现在已经没有皇位继承，但每个人心中都装着一个"一统天下"的梦。

05

说了这么多，其实，家庭中即使有权力之争，也没那么可怕。

因为家庭中的各种关系再错综复杂，终归是发生在家人之间。

家人之间原本便没有所谓的输赢对错，不想被父母控制，就需要自己拿出解决问题的能力。想要多发表意见，也就意味着需要多承担责任。如果是大家商量之后的决定，即使产生不好的后果，也要大家一起扛。

不要责怪家里其他人都是猪队友，孙悟空能力再强，翻个跟斗就能到几千里之外，但西天取经的路还得陪着唐僧一步一步地走。不抱怨，不翻旧账，有福同享，有难同当，这才应该是一个家庭正常的模式。

为什么？

因为结婚过日子这种事，不是一个人打怪升级，而是一场群力群策的集体活动。

就像"木桶定律"里的短板效应。即，**一只水桶能装多少水取决于它最短的那块木板，一个家庭的幸福指数取决于家里最弱势的那个人。**

06

再次回到王先生的梦境上来。

在梦里，他大声喊孩子，试图获得关注，但是得不到回复，他觉得自己被忽视了，于是很愤怒。

他是在争取被看到、被关注的权力。

但是，需要注意的一点是，像王先生这样长期在家庭之中争取权力的人，尽管在他自己心里，不被重视的感受是如此真切，但那也可能不是事实的全部，而是他心里的投射。

比如，在梦境里，孩子之所以不理他，是因为正在画画。当孩子集中注意力在做一件事情的时候，本来就不容易被打扰，用任何粗暴的手段去打断和制止只会适得其反。

可是，如果你已经预先把"他轻视我""他不尊重我"这样的心理暗示投射到别人身上，那无论对方做什么，你都会觉得不爽。

认定了他是偷斧子的人，那在你眼里，他做的任何事情都像个小偷。

有时，你放过了别人，无疑就等于解救了自己。

07

家庭里的权力之争，有一定的破坏性，但也不是绝对的坏事，也有好的方面。

弗洛伊德说，一个人必须学会合理或象征性地表达他的攻击性，否则他就会出心理问题。

也就是说，王先生借由梦境表达他的愤怒和诉求，让我看到了他和孩子之间的关系，如果及时给予介入和回应，那么就还有机会修复。

如果家庭成员无论做什么都激不起自己任何的心理反应，这才是真正的"哀莫大于心死"。

多子女家庭陪伴孩子的正确打开方式

　　孩子在年幼的时期，认知和能力都有限，他们对这个世界的认识和了解，主要还是通过父母和身边的人形成的。

　　所以爸爸妈妈要想让孩子尽快地被社会接纳（3岁以后），前提就是在养育过程中，孩子是否能够充分地感受到父母的爱意。

　　随着二胎政策的放开，拥有两个甚至三个孩子的家庭也会越来越多，多子女家庭中兄弟姐妹的关系如何处理，对于生长在独生子女家庭的年轻父母来说，是一个崭新的课题。

　　每每看到那些孩子为了阻止父母生二胎，不惜以死相逼的新闻，就觉得特别痛心。其实这类事件的背后，并不一定就是孩子不懂事，不能体谅父母，很可能是父母前期的工作没有做到位。

　　在新一代的多子女家庭中，爸爸妈妈就算自己能够有"一碗水端平""绝不偏心"这样的决心，可在面对孩子之间的具体矛盾时，"绝对的"公平也解决不了问题。

　　那么，在多子女的家庭，父母到底应该如何跟每一个孩子互动，并且让所有的孩子都感受到自己的爱呢？

经常在家里表达爱意

有一个以上孩子的家庭，孩子们会很在乎你是不是给其他孩子的爱或关注会多一点，比如，"为什么他有新玩具，我没有"？

然而在很多父母看来，爱孩子是自然而然的，不需要说出口，也不需要多解释。可你不说，孩子怎么可能会知道你爱他呢？

如果天天对孩子说"我爱你"很难的话，可以通过纸条、微信等任何方式来表达。可以让孩子通过家庭里的第三方获得爱的信息。

比如，在他生日之前，跟家里的其他孩子商量要给他一个什么样的惊喜！

用肢体语言接触表达爱意

孩子小的时候，爸爸妈妈会觉得拥抱是件非常平常的事。可是当孩子渐渐长大，你拥抱他的次数就会变得越来越少。

也许你心里想，但孩子大了会觉得不好意思。可是，除了拥抱还可以有其他方式，比如手拉手、挽着胳膊等。

在孩子多的家庭里，一家人一起挨在床上，一起看电视、吃零食，也会非常开心。

花时间和每个孩子在一起

花时间陪伴孩子就是在给孩子传递一种信息：孩子，你真的很重要！

这一点，可能很多爸妈会觉得很难做到，因为孩子越多的家庭，父母的琐事也会越多。

不要紧，可以带着孩子一起做啊。

就算只是去处理一些家庭杂务，也可以每次带着一个孩子一块儿去。这样可以利用路上的时间、等待的时间跟孩子相处，一方面可以互相交流，另一方面也可以在日常生活中给孩子树立榜样。

根据孩子的时间调整工作日程安排

在《六A的力量》这本书中作者提到，孩子还小的时候，如果有客人来家里会被他事先告知："晚上6点半到9点之间没空，也不要打电话，因为我要跟孩子在一起。"

因为睡得早，所以作者会在凌晨2点起床，一直工作到6点。然后他把孩子叫醒，再陪他们聊会儿天。

如果工作需要出差，出差回来的第一天，他会在孩子们放学后带他们出去。在接下来的四天，他会挨个儿带孩子出去，每个人都会跟他有单独一小时的约会，喝杯酸奶、吃杯冰淇淋等。在这个约会里，孩子还可以邀请自己的朋友一起去。

这样的日程可以随着孩子们各自的时间表而改变，比如上幼儿园的孩子和上中学的孩子，时间安排就会不一样。

用游戏把所有孩子团结在一起

玩永远都是孩子最开心的事，无论是扔沙包，还是打电子游戏，可以让孩子在一组，大人们一组，互相比赛。在那段时间里，孩子们会为了取得胜利而紧密地团结在一起，也能充分享受家庭的乐趣。

适时满足孩子的愿望，作为向孩子表达爱意的方式

比如，女儿可能希望当一天公主，而儿子可能就会希望去参加一个篮球夏令营。你可以随时了解孩子每个阶段的"小目标"，在不经意间满足孩子近期最迫切的愿望。

没有什么比美梦成真更让孩子惊喜的，这样一个一个的"小目标"会把孩子送到爱的彼岸，当然也不会再产生"爸爸妈妈不爱我"的感受。

给每一个孩子定制一份成长足迹

每年给孩子定制一本成长足迹记录本，记录下每个孩子的生活成长轨迹。

我自己的做法是每年做一本相册，照片就是平时手机或相机随手拍下来的照片，一年冲洗一次，做成合集跟孩子一起翻看。

为每个孩子保留一个只属于你们的"二人世界"

在多子女的家庭之中，孩子们最在乎的，其实还是他能否完全拥有你的时间，因为每一个孩子都有"独占"的欲望。父母对此的处理，也会影响到将来孩子对婚姻、爱情等亲密关系的

构建。

这种单独相处的时间其实并不难，它可能是一次散步，一次旅行，也可能是一场电影、一顿午餐，甚至可能是一个闲散的下午，你陪着孩子一起安静地看书或钓鱼。

如果，孩子的确犯了原则性的错误，需要严肃地管教和对话，一定要单独进行。不要当着其他孩子的面，对他进行苛责甚至讽刺。这不仅会降低这个孩子的自尊，也会破坏他和兄弟姐妹之间的关系。

当然，不是所有的方法都适合你和你的孩子，你也不必勉强去做一些和你性格不符的事，这样反而会让孩子觉得不自然。

多子女家庭的父母，陪伴孩子的重点还是在于能够尽量抽出时间，用自己的方式和孩子相处。答应孩子的事情要尽量做到，不要欺骗孩子，不要言而无信让他们白白等待，最后悲观失望。

关爱是人一生的需求，也许在面对多个孩子的时候，我们都会不自觉地偏向于乖巧懂事的孩子，但也请不要忘记，那些在哭闹、愤怒、任性的孩子，他们的初心也只是想要获得你的关注和爱。

别忘了对帮忙带孩子的老人，
说一句"谢谢"

01

年轻妈妈生了孩子之后，将孩子交给父母或公婆照顾，这已经是中国家庭非常普遍的现象。

然而网上一则"奶奶抱着刚满月的孙女跳楼，6年3城4孙的日子才终于结束"的新闻深深地震撼了我。

新闻讲述的是广州的郭奶奶，她从2008年开始给大儿子带孙子，一直到2014年小儿子的女儿出生，郭奶奶用了6年多的时间，穿梭在广州、海口、哈尔滨3座城市之间，一共带大了4个孙子孙女。

但最终，等待郭奶奶的不是子孙满堂的幸福晚年，而是疲于奔命带娃的生活，让她患上了肩周炎、糖尿病等老年病。家里的老伴还因为她带孙子孙女，长期不回家，要跟她离婚。

郭奶奶完全陷入费力不讨好、无人理解的绝境之中。

终于在2014年5月的一天，郭奶奶累了一天，疲惫不堪，半夜摇摇晃晃地起来给孙女冲牛奶。

由于心急，牛奶的温度调高了竟没有发现，孩子被烫哭了。

儿媳心疼孩子，忍不住骂了郭奶奶，郭奶奶越想越觉得生活无望。

凌晨3点多，郭奶奶抱着三个多月的孙女从楼上跳了下去……

02

这则新闻我反复看了很多遍。

郭奶奶的做法也许有些极端，但不得不承认，在老人带孩子是"基本国情"的大环境下，很多老人真的很不容易。

很多年轻的夫妻只负责生孩子，觉得由老人带孩子是天经地义的事。

本来带大一个孩子的老人以为熬出了头，却不想随着二胎潮的来临又要把之前悲惨的日子重新再过一遍，实在让人心灰意冷。

事实上，老人带孩子已经不仅仅是一个家庭问题，而是上升到一种社会现象，它也是诱发多种家庭纠纷的根本原因所在。

父母穷其一生，将我们抚养长大，到老了还要帮我们带孩子，想想都觉得于心不忍。

但是现在的社会各种压力都大，月薪3万元都撑不起一个暑假，更别说孩子出生的前三年，吃喝拉撒的大笔开销。

所以请老人帮忙带孩子也是很多小夫妻迫于无奈的选择。

我所在的城市是三线城市，但环顾身边，几乎所有家庭都是老人带孩子的标配。

之所以越来越多的年轻人没办法自己带孩子，而由老人来带，无外乎是以下几个原因：

产假、哺乳假不够

国家规定的产假是98天，难产加15天，晚婚晚育再加15天，也就是说中国妈妈的产假一般是在128天左右，二胎宝宝的产假还要再减少30天。

换算下来也就是在宝宝三四个月的时候妈妈就必须返回工作岗位。

而这个时期，正是宝宝快速生长最需要母乳的时候。

至于哺乳假，很多单位都形同虚设。

世界卫生组织建议母乳喂养到两周岁，但我们国家目前宝宝母乳喂养到1周岁都还没有普及，往往4~6个月的宝宝就要面临断母乳的问题。

节奏快，工作压力大

没工作就意味着没有收入，没有朋友，跟不上时代。但有工作就意味着要牺牲陪孩子的时间。

尤其是大城市的工作时间长，强度大，上班路上耗费两个小时都是很正常的事。

正常上午九点上班，七点就要出门。晚上六点下班，八点才能到家。

前后有十三个小时要在外面，家里的孩子根本无暇顾及。

经济压力所迫

很多父母不是不想亲自带孩子，问题是仅靠一方的力量根本无法负担得起一个家庭的开销。

所以在孩子的问题上，很多时候老人不但要出力，还要出钱。

保姆水平参差不齐，托教环境不完善

近年来保姆虐婴的新闻，犹如杯弓蛇影，一直让爸爸妈妈们无法放心。但正常幼儿园要到宝宝28个月以后才能收入小托班。在这之前宝宝只能到各种师资力量和环境设施都不能保证的私人早教托管中心。

所以在妈妈产假结束后到上幼儿园之前的这个空档期，请家里老人帮忙带孩子，是最稳妥的方式了。

03

那么，如果要请老人帮忙带孩子，要怎么避免像郭奶奶这样的悲剧发生呢？

得知怀孕后先做简单规则

把生孩子当作一个项目来看待，而父母就是孩子的项目经理。

什么时候生？生了之后谁来带？谁来当支援？都需要根据家里人的实际情况，提前确定下来。

所有的家庭成员要齐心协力渡过孩子出生头三年的困难时期。

努力学习带娃技能

换尿不湿、洗澡、抚触、冲奶粉……别看事情小，每一步都很重要。

为了防止家庭成员的意见不统一，可以提前去学习了解，网上类似的视频也有很多。

在学习育婴师的时候，就看到过一家妈妈、外婆、奶奶三个人都来学的场景。

这样孩子出生后，哪怕主要由老人来带，但是下班时间，父母也能完全接过带孩子的重任来。

使用带娃辅助工具，节省时间解放双手

带孩子辛苦是肯定的，但用"吃苦最光荣"的方式刷存在感也没必要。

每个人都有自己的生活，孩子只是我们家庭中的一员而不是全部。

所以一切先进的育儿神器，方便的婴儿食品，能借鉴的就借鉴，省时省力省心。

全员行动，合理分工

长时间带孩子，真的是很累的一件事，任谁都会有情绪。

有情绪并不意味着不爱孩子，只不过当老人或者妈妈心情烦闷的时候，其他家庭成员尽量安排时间接手带娃的工作，让老人或妈妈出去放松一下，缓解一下情绪。

所以定期给带孩子的妈妈或是老人规划出休息的时间是必不可少的。

孩子稍微大一点了，逐渐减少老人带孩子的时间，让他们及早回归到自己的生活中去。

跳跳舞，旅旅游，好好享受晚年生活。

老人的晚年生活幸福了，也是全家人的福气！

04

父母并没有义务帮我们带孩子，帮是情分，不帮是本分。

如果父母心疼我们，帮我们带孩子，请千万多想想他们的好。

平时对他们知冷知热，过年过节多想着问候关怀。

即便是一家人，该有的表示和感谢一样也不应该少。

万一，父母真的有各种原因不能帮我们带孩子，也要学着理解包容。

因为生养孩子原本就是我们自己的责任，哪有人轻轻松松就当爹妈，老一辈的人也是这样熬过来的！

不管如何，办法总是要比困难多，一家人只要互相理解，一起努力，给孩子一个美好的童年，给老人一个幸福的晚年，其实是可以兼顾的。

第二章

我们都是第一次当妈妈

职场妈妈，不必对孩子说"抱歉"

01

国外有一家公司，模拟了一场视频面试，面试官在视频里把这项工作的名字称作"运营总监"，对它的职位描述是："非常辛苦，大部分时间站着还要不停地弯腰，它要懂得人际沟通、财务、医学、烹饪甚至更多方面的知识，有时还要熬夜，时刻关注自己的同事，没有假期，甚至吃饭都要等到所有同事吃完以后，且没办法睡觉。还要做好放弃自己生活的准备，24小时待命，最重要的是没有薪水！"

视频对面的应聘者都认为，这要么是个玩笑，要么就是这个面试官疯了。最后面试官说，这份工作全世界有数以亿计的人正在做，这个人就是妈妈，大家的眼睛都湿润了。

看到这个名叫《世界上最辛苦的工作》的视频时，我也同样心绪难平。

正如视频里说的那样，每一位妈妈都在做着全世界最辛苦的、没有任何报酬的工作。当妈妈已经如此辛苦，那些既要上班又要照顾孩子的妈妈，她们的辛劳和付出，则还要翻上一倍。

02

武汉有一位42岁开出租车夜班的单亲妈妈，因为女儿太小不放心把她一个人放在家里，只能带着孩子出车，孩子在不满3周岁的时候，就已经跟妈妈一起在出租车上过了900多个日夜颠倒的日子。

一位做超市收银员的妈妈，因为没人帮忙看孩子，只好带着孩子上班，孩子困了就蜷缩在收银柜台下睡觉，照片被放到网上，每一个看过照片的妈妈，心都会被戳痛一下。

作为妈妈，最难过的不是"孩子变得坚强独立，是因为我们没有陪在TA身边"，而是明明陪在孩子身边，却依然无法让孩子逃脱残酷的生活。

也许有人觉得，既然孩子的生活环境如此恶劣，妈妈为什么不干脆辞职呢？

不是所有人都有条件当全职妈妈的。当爸爸一个人的收入不足以支撑整个家庭开支时，当妈妈的再苦再难，也想和爸爸一起努力，给孩子提供起码的物质保障。

可现实的问题是，工作找到了，孩子却没人带了。韩剧《未生》里，作为职场妈妈的宣次长，有一句台词让所有的职场妈妈感同身受：

"职场妈妈就是罪人，在家对老公对婆婆对孩子是罪人，在公司对老板对同事是罪人。"

面对孩子总觉得亏欠，面对老板和同事又觉得自己不够尽力，在夹缝中求生存的职场妈妈独自吞下了多少眼泪。

03

我小的时候，我爸爸长期在部队，我妈妈要去镇上的厂里上夜班，因为没人带又害怕我乱跑，妈妈就把方木凳倒过来，把我卡在四条腿中央。

所以我能深切体会到，带着孩子上班，是职场妈妈在无奈之下的唯一选择。虽然难免要遭受别人的指指点点，但总好过孩子不在身边的牵肠挂肚。

带着孩子上班的妈妈，因为要守护孩子，所以只好抛开自尊心，逼迫自己变得强大。

生了孩子后，我也想给孩子最好的照顾。但由于我那份工作没有固定的休息日，上下班时间不定时，孩子根本照顾不到。

辞了职后，本以为终于能安心照顾孩子了，但看着日渐减少的存款，心越来越焦虑。

所以，赚钱还是陪孩子，依然是无数当妈的人内心最痛苦的煎熬。

事实上，即便父母24小时陪伴在孩子的身边，该犯的错，该走的弯路，孩子还是不可避免地要经历。而那些能将工作和家庭分开，工作时全力以赴，陪孩子时尽心尽力的妈妈，她们的孩子成长得也不差。

2013年CBS报道了英国社会科学院的一项研究，这项研究在40年间对6组四万名英国儿童的成长做了跟踪，在早期（20世纪

70—80年代），职场妈妈的子女在学习上有轻微的落后，但随着家长和社会对儿童成长的持续关注，21世纪以来的几项研究，都没发现两者之间的差异。

04

既然任何育儿模式都不可能尽善尽美，那不如愉快地接受"职场妈妈"这个身份。你会发现，这个身份对孩子也会有着积极的影响。

比如，妈妈自己很忙，就没有那么多时间干涉孩子的生活、对孩子唠叨，这样有利于和孩子建立有边界感的、互相尊重的关系。当孩子感受到被尊重，他也能慢慢学会在关系中尊重别人。

因为不能时时陪伴在孩子身边，妈妈会更珍惜跟孩子相处的时间，提高亲子陪伴的质量，而不是一有空就想着刷手机。

在我没有辞职之前，在孩子心中我永远是排名第一的重要人物。他说就算是我倒的水，也比别人倒的好喝，是神仙水。因为只要不上班，我就会放下手机，全身心投入地陪他玩。同事有时还会笑话我，说一下班我就像进入了另外一个平行空间，但他们习惯了之后，一般也不会在休息时间给我打电话。

对于妈妈不能经常陪伴自己这件事，孩子年纪小的时候可能无法理解，但等到他慢慢长大之后，便会明白妈妈的不易。

韩剧《请回答1988》里，东龙的妈妈赵部长，是双门洞唯一的职业女性。东龙经常挂在嘴边的一句话就是"赵部长很忙"。妈妈没有时间照顾他，只会拿钱给他。妈妈没有时间做饭，所以东龙只能去别人家蹭饭。

哪怕过生日也无法吃到妈妈亲手做的海带汤，东龙的失望终于爆发，选择了离家出走。

大他三岁的宝拉趁着送他回家的时候，站在更加成熟的角度告诉他："你这年纪需要的不是父母慈祥，而是父母有钱。"经过宝拉的点拨，东龙这才慢慢了解妈妈的苦心。

05

职场妈妈需要克服的一个问题是，当因为工作没办法陪伴孩子的时候，心里再不安都只是你的感受，不要把这种不安传递给孩子。也不要因为没办法陪伴，而给予孩子额外的物质补偿，或者对孩子的行为过度娇纵，这不是爱孩子，而是对你自己和孩子的不尊重，不仅会助长孩子养成不良的习惯，还会让亲子关系陷入一种错误的模式。

没办法对孩子的问题亲力亲为，就必须从小培养孩子的自理能力，告诉孩子，每个家庭成员都要贡献自己的一份力量。

可以分配一些轻松简单的任务给孩子，比如，帮妈妈洗洗衣服、洗洗碗、帮忙照顾宠物等，让他在这个过程中获得参与感和存在感，也能减轻妈妈的负担。

尽量不要把工作带回家，在一些孩子重要的日子，比如比赛、表演、生日会、毕业典礼等，提前计划，不要缺席。必要的话，优先安排出席孩子活动的时间，因为工作是做不完的，而孩子的成长只有一次。

06

身为妈妈，谁都想给孩子一个安全舒适的生活环境。但是为了遇到更好的自己，为了给孩子提供更好的生活，我们宁愿像电影《阿飞正传》里那只停不下来的无脚鸟一样，不停地扇动着翅膀。

在愧疚自己无法事业家庭兼顾的时候，不要想着，"如果我有条件当全职妈妈就好了"。因为不论是职场妈妈还是全职妈妈，其实都生活在各自的修罗场。一如韩剧《请回答1988》里，那句关于妈妈最动人的旁白——"神不能无处不在，所以才创造了妈妈"。

职场妈妈不必为没能陪伴孩子而愧疚，全职妈妈也不要为没能给孩子赚钱而抱歉。因为，无论怎么选择，那都是当下妈妈能给孩子的全部。

而孩子们也终会明白，妈妈的世界里从来没有"容易"两个字，但是为了孩子，妈妈们对付出永远甘之如饴。

妈妈的味道，藏在一粥一饭里

01

我妈妈是一个超级能干的女人，她几乎没上过学，却能自己看书学会织毛衣，从小到大我和弟弟从来没缺过"温暖牌"毛衣。她更厉害的是，她能化腐朽为神奇的厨艺。

做饭这件事儿，也没人教过她，用她的话来说就是站在锅台边看外公做，就学会了。她活学活用、举一反三、别出心裁，同样的一堆食材，别人就做不出她的那种味道。

毛豆米烧小公鸡、红烧狮子头、鸡蛋炒韭菜、鲫鱼汤，还有她自创的老母鸡煨蹄髈、面筋揣肉、荠菜春卷……一道道看似普通的家常菜，但每次想到都让我流口水，小时候用一点我妈烧的红烧肉的汁拌饭，我就能吃掉两大碗白米饭。

逢年过节，不管亲戚家小孩在别人家吃了多少好吃的，来我们家都能把我妈做的菜一扫而光。

这种美食的记忆不仅停留在我的脑海里，更扎根在我的身体里，妈妈做的饭菜，便是家的味道。

02

王先生在海边长大，他眼中的美味跟我的不一样，他追求的是食材的鲜美。在他的记忆里，夏天就是妈妈和他带上一瓶烧酒去赶海，新鲜的扇贝撬开了，海水冲冲就一口酒，啧啧啧，真鲜。

再不然就是妈妈用葱姜蒜和酱油爆了锅，猪肉放进去，肉香飘出来，配上一把蔬菜，趁颜色还翠绿的时候就盛出来，便是中午最好的下饭菜。

冬天他妈妈最拿手的是包饺子，海螺饺子、羊肉饺子、鱼肉饺子……一锅热气腾腾的饺子，皮薄馅多，再配上很多的辣椒和蒜，让他的胃口大开。

这些都是他妈妈在他记忆中烙下的味道，且这种味道只能在当地吃到，身在他乡，哪怕是同样的食材也做不出家乡的味道。

所以王先生每年最心心念的，就是过年回老家吃上一口妈妈做的饭。大家围坐在一起，掀锅之时，热气奔腾的香味四散弥漫，离家在外的多少劳累、多少眼泪顿时都化为乌有。就着一口小酒，暖暖的暗流传遍全身，氤氲了双眼，治愈了他漂泊多年的乡愁。

所谓一方水土养育一方人，就是这个道理。

03

孩子在婴儿时期，通常会跟妈妈更亲近，是因为他明白，谁提供食物谁就是值得亲近和信赖的人。所以在孩子离乳之后，那些会做饭的妈妈便可以通过做饭跟孩子拉近距离。

时下会给孩子讲故事、做手工、辅导作业的妈妈有很多，但能够每天走进厨房为孩子做一餐饭的妈妈却越来越少。有些是因为工作忙，有些是因为不会，所以本应是妈妈们施展母爱的厨房就轻易地拱手让人了。

越来越多孩子记忆中妈妈的味道，变成了外卖的味道。

都说想拴住一个男人的心，必先要拴住他的胃，孩子亦是如此。即便不会做饭，但只要想做，也没什么能难倒妈妈的。

池莉在《来吧，孩子》一书中写过，她也不会做饭，但她的厨艺却得到了她女儿和女儿同学的一致称赞。因为再不会，天长日久地耳濡目染，做饭最基础的步骤还是会的，再佐以一颗爱女儿的心，做出来的饭菜自然差不到哪里去。

04

我本身也是个厨艺不精的人，会做的来来去去都是下面条、蛋炒饭和咖喱饭这老三样。但只要时间允许，我会尽量给孩子做饭。

首先考虑的是营养，比如下面条，我会切个西红柿加个鸡蛋，再配上葱花。等到汤汁调好，再把面条煮软放进去搅拌，很快一顿色香味俱全且营养丰富的饭便有了。

其次考虑味道，其实只要食材够新鲜，味道就一定不会差。比如炒饭的虾是活虾煮熟再剥虾仁。

再次分量最好掌握在孩子一两顿内能吃完为宜，冰箱里放太久的东西，再营养也好吃不到哪儿去。

最后还要考虑孩子咀嚼和吞咽的方便，比如做咖喱饭的胡萝卜、洋葱和土豆我会切成小丁，先过一遍水，煮的时候把熟牛肉撕成很小的丝或块，这样既保证了营养又不致让孩子嚼得太费力。

遇上孩子生病，蔫蔫的几天没有好好吃过饭，突然有了点胃口说想吃东西，我就用清水煮了面条，把榨菜切碎撒进去，出锅时再淋点麻油。

就这么简单的一碗面，我家孩子不仅面吃完汤喝光，还不停地说："太美味啦！你真是世界上最好的厨师！"

那一刻，当妈的幸福感和成就感瞬间爆棚。

05

像众多平凡的妈妈一样，我不是360度无死角的妈妈，在做饭这件事上也没办法变出很多花样，看到其他妈妈晒的色香味形俱全的辅食和儿童餐时，也常常自愧不如。

但是我又有一点庆幸，因为当孩子肚子饿时，我还能亲手为他做餐饭，而不是只能打电话叫外卖！

妈妈们亲自下厨为孩子做羹汤，不必做出五星级酒店大厨的水准，而是要把一种"自给自足"的信念传递给孩子。这种传递，不能只凭单纯的教与授，而是需要传承与感知，需要存在于我们每天生活的细节之中。

况且，一个每天心里想着回家能吃到可口饭菜的孩子，跟父母的关系不可能太糟糕，说谎、逃课、离家出走的可能性也会大大减小。这是食物的魔力，也是亲情流动的魔力。

我们都知道，父母不可能一辈子为孩子遮风挡雨，但是记忆中，妈妈厨房里飘出的饱含爱意的饭菜香，却可以在任何时候、任何地方，通过熟悉的味道由胃到心，融化孩子人生中的每一次孤独与失落。

妈妈的爱，要刚刚好

01

曾经看过一个故事，讲的是去南方过冬的天鹅，中途偶然停留在一片湖泊旁稍作休息。湖边的一对夫妇见了非常开心，为天鹅送去自己捕的鱼，还把家里的被子拿给天鹅盖。他们对天鹅百般宠溺，希望能让天鹅长期停留在自己身边。

果然，天鹅渐渐习惯被这对夫妇精心照顾，选择在这里定居。

年复一年，直到这对夫妇年纪太大，不得不选择离开，可此时的天鹅已经失去迁徙的本能，在夫妻离开后的冬天被活活冻死。

这个故事名字叫《爱太多就成了伤害》，父母爱孩子也是同样的道理。

有人认为父母疼爱孩子是天经地义的，所以怎么宠溺都不为过。这想法没错，但前提是在孩子一岁之前。

孩子一岁之后，就需要帮他们认识到自己并不是宇宙的中心，在这个家里还有爸爸、妈妈、爷爷、奶奶这些人，他们也同样重要。

在孩子三岁之后，进入幼儿园，迈入小社会，就需要建立起规则意识，学会与人相处。

所以，即便是父母爱孩子，也需要有个度，给的爱太多，对于孩子不是爱，反倒是害。

02

演员朱雨辰的妈妈可能从没有想过，自己会因为一个综艺节目变得比儿子还红。

在综艺节目《我家那小子》中，演员朱雨辰的妈妈讲述了她十年如一日，每天凌晨四点起来熬梨汁的经历，为的就是让儿子喝下去之后不上火。

儿子家的冰箱永远要填满，排骨是焯过水的，肉丝是按一次一份的量切好的。哪怕是拍戏进组，朱妈妈都要背着电磁炉跟着，不管住的是五星级宾馆还是农民房，都得亲自为儿子料理三餐。

据说有一次朱雨辰亲手为妈妈做了一顿可口的饭菜，朱妈妈非但没有感觉到儿子长大了的欣慰，反而自责自己对儿子照顾得还不够好，竟然让儿子落得亲自下厨做饭的境地。

朱妈妈最大的心愿是，以"贤妻良母"的标准，找到一个能够替自己继续照顾儿子的女孩，替她把"贤妻良母"的光荣传统继承下去。

那么在朱妈妈眼里，"贤妻良母"的标准是什么呢？应该是像她在节目里说的那样，家里要永远一尘不染，厨房要永远没有油烟，要能凌晨四点起来熬煮梨汁，还要用整个生命去爱她儿子……

这样的标准先不说有多少年轻的女孩能够达到，就连一起参加节目的武艺妈妈也自愧不如，武艺妈妈说现在像这样的女孩已经没有了，包括她自己在内也只能对朱妈妈表示敬佩。

另一位参加节目的主持人钱枫的妈妈也说，虽然自己心里有朱妈妈这样的想法，但却不会这样要求将来的儿媳妇，因为现在这个时代，小夫妻的相处都是相互的。自己家儿子宝贝，别人家女儿也是别人的宝贝，不可能只要求一个人付出。

在昌明的现代社会，贤妻良母、男耕女织是一种婚姻模式，但早已经不是唯一的标准，女人在外赚钱养家，男人主内带娃也可以成为另一种婚姻模式。

03

本来朱妈妈心疼儿子，无可厚非，问题在于这份爱已经多到溢了出来，并渗透到儿子生活的方方面面，令人窒息。

比如，朱妈妈坦言儿子的每一段恋情她都知道，并会干扰，所以这也是儿子迟迟没有结婚的原因之一。

在节目里，朱雨辰自己也说过妈妈的爱让他压力很大，而且这已经不是他第一次这样表达。经统计，从2010年到2018年，朱雨辰参加综艺节目，至少三次提起"妈妈的爱让他压力很大"。

这种"爱"在朱妈妈的身上可以解读成溺爱，心理咨询师袁荣亲总结过，父母对孩子的溺爱分两种，一种是包办型溺爱，另一种是纵容型溺爱。

朱妈妈对朱雨辰属于包办型的溺爱，就是她把孩子的一切都安排好了，孩子不动手就可以得到一切，他们不鼓励甚至不喜欢孩子自己去解决问题。这就是朱妈妈吃到儿子亲手做的饭菜会难过的原因。

妈妈包办型的溺爱，会剥夺孩子自我探索的机会，会刻意按照自己的意图来塑造孩子，不懂得尊重孩子的独立人格。

可是，无论妈妈的安排多么完美，孩子都会有一种感觉，他们好像不是为自己而活。而每个人只有在为自己而活的时候，才是最有力量的。所以但凡是朱妈妈觉得优秀的女孩，朱雨辰都会本能地排斥。

朱妈妈的这种没有自我的付出和爱，也深深地伤害到了朱雨辰的姐姐。姐姐一直没结婚，也是因为看到妈妈对弟弟、对家庭的付出，她没有信心能够像妈妈这样经营婚姻、养育孩子。因为为了他人而完全丧失掉自我的代价实在太巨大了。

丧失自我的妈妈，看似是为孩子奉献了一切，但其实她们从来不知道孩子真正需要什么，她们不关注，甚至没有兴趣去了解孩子的真实感觉，真实想法，只想把孩子塑造成她们心目中的小孩儿形象，而这样也会让孩子丧失自我。

那些完全没有自我、为孩子无私奉献的妈妈们，看起来是为了孩子好，实际是在满足自己的需要，只是这种"满足"披着"一切为了孩子"的外衣，而变得不可指责。

因为妈妈不可指责，所以孩子只能默默承受。这样的亲子关系，看似风平浪静，但实际波澜暗涌，妈妈和孩子都很痛苦。不结婚就是他们对妈妈干涉自己生活的无声反抗。

而在妈妈这种没有自我的呵护中成长起来的孩子，会怎么样呢？节目中可以看见，朱雨辰的内心非常孤独，虽然也会跟朋友一起出去玩，邀朋友来家里做饭吃，但曲终人散却难掩内心的失落，能够寻求温暖、寄托心灵的只有他的宠物狗。

04

一个人的成长过程，就是他找到自我、成长为理想的自我的过程，在这个过程中，妈妈的爱无可替代，是最重要的因素，但绝不是全部。

像朱妈妈这样的妈妈，最大的问题在于看不得孩子受苦，并因此以牺牲孩子的成长为代价。

一个蹒跚学步的孩子，想拿一个远处的玩具，妈妈看不得他跌跌撞撞的样子，所以快走几步拿给他，这是很容易。但相比拿到这个玩具，对孩子而言，更重要的是独立完成这个过程。即使这个过程中，他会摔倒，甚至会受伤，从而产生挫败感，但毕竟，最后他还是独立完成了自我探索的过程，这会让他产生一种信念，尽管我受到了挫折，但我还是靠自己实现了目标。

妈妈可以轻松地帮一个蹒跚学步的孩子拿玩具，但是帮一个十几岁的孩子学习甚至谈恋爱，却很难。等他们到了二十几岁甚至三十几岁，想要实现真正的价值，则是任何一个妈妈都不可能帮孩子完成的任务。所以，为什么不在他蹒跚学步跌跌撞撞想拿玩具的时候，就放开手让他自己走呢？毕竟，那时候，孩子顶多摔一跤，然后哇哇大哭，他所承受的痛苦远轻于一个二三十岁的人找工作、交朋友和谈恋爱时遇到的挫折和痛苦。

正常长大的孩子，即便是遇到挫折，也会坚信自己有办法解决，而被父母以整个生命呵护的孩子，一旦经历逆境，往往会一蹶不振。

朱雨辰在节目里抱怨导演水平差，吐槽主演不露面，自己对绿幕演戏，这些都是他对身处逆境、怀才不遇的不满。因为他很清楚地知道，即便自己再有才华，现在也已经到了演爸爸的年纪。

爱孩子是妈妈的天性，但给孩子多少爱才合适，就需要妈妈运用自己的智慧。

妈妈在养育孩子的过程中，一定要了解孩子目前所处的阶段，循序渐进地让孩子在自己的小世界里证明自己的力量，而后他才可能信心十足地在更大的世界里去证明自己。

真正爱孩子的妈妈，不会动不动就用整个生命将他们包裹得难以呼吸，而能在每个阶段看到孩子的真实存在，发现孩子的真实需要，并帮孩子实现他的需要，这才是真爱。

在早该放手的时候，还立志要为儿子奉献温暖的厨房，并搭上自己的整个生活，那真的会切断他们幸福的可能。

05

一同参加节目的妈妈中，歌手武艺虽然会吐槽妈妈什么都不会干，只会玩自己的，但看得出，他跟妈妈的关系并不差。

而武艺的妈妈在得知朱雨辰妈妈是怎么照顾孩子的时候，也是连声说自己做不到，劝朱妈妈一定要有自己的生活。

妈妈的着力点在自己身上，多关注自己的喜好和情绪，自然就没有那么多精力盯着自己的孩子。

作为子女，虽然妈妈在照顾自己的时候，会稍稍感觉轻松，但这种轻松背后，往往都是搭配着亲情绑架，远比不上孩子看到妈妈有自己的爱好和追求时感觉幸福。

当主持人维嘉问朱妈妈，她为孩子如此奉献的时候幸不幸福时，朱妈妈的回答是"很无奈"。妈妈自己过得不快乐，她的孩子怎么可能拥有真正的幸福？

相反，一个以身作则、热爱生活、享受生活的妈妈，她的孩子人生幸福指数也不会差。就像一首歌里唱的那样："历经苦难的好妈妈，我们的好妈妈，只要您呀笑一笑，全家喜洋洋。"

再丰盛的母爱，也终将是一场得体的退出，所以妈妈给孩子的爱，也要适可而止，不多不少，刚刚好，才能帮助孩子通往更远的路。

祝越来越多的妈妈，能够活出自己，也愿越来越多的孩子，能卸下心理包袱，勇敢追求真正属于自己的幸福。

如何轻松当好男孩的妈妈

　　参加妈妈们的聚会，不管聊什么，话题最终常常会变成，男孩的妈妈们一边倒地羡慕起生女孩的妈妈。

　　如果说当妈妈是全世界最苦的差事，那么当男孩妈妈的辛苦程度还要乘以二。

　　由于生长发育规律的不同，男孩和女孩从小就会表现出很多的差异性。

　　比如女孩相对安静乖巧，男孩则活动量更大、攻击性更强。女孩大脑中，负责表达和处理复杂情感的区域更发达，男孩大脑中负责处理简单、直接情感的区域更明显。

　　所以，男孩妈妈和女孩妈妈在育儿道路上的侧重点因此也会有所不同。

　　作为一个男孩的妈妈，我非常理解养育男孩的苦恼，不过经过这几年跟儿子的相处，倒也积累了一些心得，供其他的男孩妈妈们参考：

当男孩的"加油妈妈"

儿子在刚开始练习涂色的时候，总是涂得到处都是，他自己也非常有挫败感。有时他会问："妈妈，我是不是世界上最差劲的人啊？"

当他第一次仔细地把颜色全涂在了指定的图案上时，我对他说："你今天涂得好认真，颜色搭配得也很漂亮，比上次画得好多了！"他听了十分开心，画得更加专注，对每周的画画课也开始充满了期待。

男人好面子，男孩也一样。也许孩子离你的要求还有很大的距离，但只要他有了一点点进步，就不要吝啬对他的赞美，诚心诚意地夸奖男孩，他会进步得更快。

一句小小的赞美，能让孩子有整整一天的好心情，并且能让他愿意持续地保持一种习惯或爱好，从而转变成他今后的良好行为规范。

对待男孩，建议妈妈多给他们一些小鼓励、小肯定，不过要注意少说"你真聪明，你真棒！你是最好的"这类空洞的赞美，要就某一个具体的行为进行描述，这样能帮助他强化自己的优点。

不妨做个"懒妈妈"

当妈妈的总会不自觉地想为孩子付出，可如果你是男孩的妈妈，我会建议你不妨变得"懒"一点。

在我儿子很小的时候，我们一块儿出门买东西，我就会故意说："啊呀！我这个包好重啊！你帮我拎一下吧！"

那时他人还很小，虽然愿意帮忙，但常常就是把我的包包在地上拖着、拉着。但他很高兴，觉得能够帮到妈妈，自己做了一件很了不起的事。

让孩子帮忙做些力所能及的事，不要过于纠结细节，比如他会不会把你的包包拖脏，让他帮忙摆碗筷他会不会把筷子掉到地上之类的。

一次做不好就两次，一定要多给他机会尝试，要让男孩们从小就意识到自己是个有用的人，树立他们的自信心，同时也能培养他乐于助人的好性格。

妈妈不必有求必应

从小就要让孩子明白，想要什么必须通过劳动才能获得，男孩将来要肩负一个家庭的责任，更要学会为自己的欲望买单。

我儿子曾经在超市里缠着我给他买一个电动泡泡小手枪，态度坚决地站在柜台前不肯离开。我把小手枪的价格标签指给他看："你看，这个吹泡泡的手枪要25块钱，如果你真的特别想要，那就要自己赚这笔钱。"

他答应了并真的赚到这个数目的钱后，我才带他去超市把那把小手枪买了。（我儿子赚钱的方式一般是通过给我踩背或做家务，如果孩子的劳动只是为自己服务，家长不能买单。）

小孩子对金钱没有概念，也没有形成自己的价值观，他根据喜好提出需求后，如果在合理的范围内，妈妈不要每次都拒绝，当然也不能有求必应。

注意，妈妈最好不要对孩子说："这个很贵，我们买不起！"无论是不是实情，都会间接地伤害到他。长大后他很可能变得缺乏自信，不敢追求更高的目标和更好的生活。

如果你觉得孩子要买的东西超出了你的预算，那么超出预算的部分你可以让孩子想办法通过自己的劳动来获得。

通常，孩子对于自己用辛勤劳动换来的玩具和零食都会更加珍惜。

妈妈不必事事比孩子聪明

我儿子的识字量一直比同龄的孩子多，但我记忆里从来没有过给他认生字卡片的过程。

我所做的就是每天陪他读一些绘本故事。

当他已经对某一本绘本烂熟于心的时候，我会故意把他认识的字读错，念唐诗的时候故意把作者的名字说错。（前提是确保这些知识孩子已经稳固掌握，否则会造成知识误导。）

等着他来纠正我，这样等于是让他又巩固了一遍自己认识的字。这也让他明白，妈妈也是普通人，也会犯错，自己也有比妈妈强的地方。

不过3岁左右的男孩，已经进入记忆力发展的黄金期，对什么都很好奇、很敏锐，所以输也要输得不露痕迹，因为他们非常聪明，如果发现你故意让他，他会对游戏丧失兴趣。

妈妈放下身段，陪男孩一起玩

我儿子两岁半的时候还没学会双脚跳，哪怕只是离地面一级台阶的高度，他也不敢跳下来。除此之外，还不敢爬高，不敢玩滑梯，就算把他抱上去，身体也是绷得紧紧的，满脸痛苦的表情。这种情况，即便是我在旁边不停地鼓励，还是收效甚微。

其实当时他的身体已经具备了这种能力，只是一直过不了心理这道关。

于是我在家有空就会跟他玩一个"小飞机"的游戏，就是我仰卧在床上，用自己的双手拉着他的双手，双脚撑着他的两条脚，把他架起来，时而上下起伏，时而转圈，目的是帮他寻找平衡感。

撑的时候，我还会根据腿上的动作，编一些对话，这样可以缓解他的紧张。比如，我问他："这次小飞机要飞到哪里去啊？""去北京啊？那要坐好扶稳了，路上可能会有点颠簸。""去美国啊？那会有点远，可能会飞得有点久啊。"……

这个游戏后来儿子非常喜欢，一直到上幼儿园还常常和我一起玩。

跳跃需要腿部的力量，所以我还会跟他一起玩"小兔子跳""小青蛙跳""小袋鼠跳"的比赛。等他战胜了心理上的恐惧，就能像其他小男孩一样爬攀登架，玩滑梯了。

养育男孩和养育女孩最大的区别就在于，男孩比女孩具有更强的活动能力，他们就像小老虎一样，需要通过轻微的身体碰撞、打打闹闹来让自己成长，所以顺应他们的生长特点，陪他们玩游戏，更能走进男孩的内心。

作为男孩的妈妈，需要做的就是在保证安全的情况下，放下自己的矜持，跟他们一起疯一起玩。

妈妈不要代替爸爸

现代家庭的育儿模式中有个很普遍的现象，就是爸爸撒手不管，妈妈过于强大。这本身无论是对妈妈还是对孩子都是不可取的。

男孩三岁以后，妈妈再爱孩子，也要逐渐地往后退，教养男孩的工作得由爸爸接手。

妈妈也许会担心爸爸对孩子疏于照顾，可是让男孩适应爸爸妈妈不同的教养模式，了解男性应该具有的各种品质和能力，是他们必须经历的成长过程。

何况，像带孩子游泳、洗澡、去洗手间这样的事，在男孩三岁以后，妈妈们也不方便再做。

我家儿子最喜欢的活动之一，是夏天跟着爸爸去树上抓知了，一截铁丝、一根竹竿、一只小塑料袋，就能让爸爸在儿子眼中的形象瞬间高大起来。每次满载而归的时候，儿子都会拍手称赞他爸爸是世界抓知了冠军。

就像没有人天生会当妈，当爸爸也是需要练习的。只是在孩子生命的初期，妈妈有更多的机会来实战练习，而爸爸只能一直观望。多给爸爸一些练习机会，让他学会当个真正的爸爸，也让孩子的成长过程不要出现爸爸的缺席。

要知道再强大的妈妈，也没办法代替爸爸给孩子的爱，尤其是男孩，更需要爸爸在身边。所以男孩的妈妈们，在该放手的时候，就放心地交给爸爸来处理吧。

妈妈要给男孩树立正确的审美和两性观

每次我精心打扮、对着镜子臭美时，儿子都会笑眯眯地跑过来说："妈妈，你是女神！"

每天晚上睡觉前他都要搂着我说："美女妈妈，我爱你！"听到小情人的甜言蜜语，我心里当然甜滋滋的。

女为悦己者容，哪怕只是小情人欣赏，也要把自己打扮得美美的。

妈妈是男孩接触到的第一位异性，妈妈也是男孩学习跟异性相处的第一个实习对象。所以男孩的妈妈，除了跟他一起疯一起玩之外，还要让他看到妈妈作为女性的美丽和温柔。

很多男孩在5岁左右，会经历一个"长大了要和妈妈结婚"的婚姻敏感期，在那段美好的岁月里，妈妈就是他心目中实至名归的女神。将来他对异性的审美、择偶标准都和这位"女神"息息相关。

所以妈妈从小帮助男孩子树立正确的审美观，同时让男孩明确"男女有别"的概念以及自己的身体和女孩身体的界限。这主要包括，妈妈要及时跟男孩分床分房睡、在家穿着不要太随意、不要随意跟男孩开异性的玩笑等。

妈妈要扮演男孩的"知心姐姐"

孩子上幼儿园之后，每天有大量的时间都是在集体中度过，偶尔难免会和其他小朋友有摩擦和不愉快。妈妈作为孩子最后的底线，以及他在这个世界上最信赖和依靠的人，有时也要肩负起

"知心姐姐"的角色，帮他们排解情绪，解决问题。

有一次幼儿园老师向我反映，说我儿子摸了女同学的耳朵，还把人家弄哭了，对方的家长特别重视。

回家后，我询问他情况，得知那个女孩的耳朵刚做过一个小手术，最怕被手碰，老师为了提醒大家，所以特别强调大家不要碰她的耳朵。

可是越强调，我儿子和几个小男生就越好奇，指着女孩的耳朵给别人看，不小心碰上去了。

我告诉儿子，这件事虽然他并无恶意，但仍然有错，所以必须道歉。我自己先向女孩的妈妈道了歉，又让儿子诚恳地道了歉。

本来还打算去对方家里看望一下，但女孩妈妈非常通情达理，说孩子好奇是正常的，知道他不是故意的，让我不用这么客气和愧疚。

如果男孩一犯错，家长不加以了解就不分青红皂白地进行指责，对他们的伤害是非常大的。这时，妈妈要像知心大姐姐那样耐心地找出他行为背后的原因和动机，并及时地帮他指出错误，解决问题。

当男孩们坚信"妈妈相信我，妈妈是可以信任的，我可以对她说出真实想法"，那他们即便到了青春期，也还是会把妈妈当作无话不谈的好朋友。

男孩更需要来自妈妈的安全感

孩子犯错，且警告无效的情况下，难免要接受惩罚。男孩天性活泼好动，受惩罚的频率也会更高。

我儿子也是那种很淘气的男孩，但他如果做错事，在认识到自己的错误之后，一定会实事求是地向我认错，当我拉下脸不说话的时候，他还会主动来抱抱我，逗我笑。这是他内心安全感充足的表现，因为他从来不担心妈妈会因为他的错误而不爱他了。

而有些比较敏感、缺乏安全感的男孩，做错了事他们首先会担心，妈妈知道了还会不会继续爱我？因为害怕妈妈不再爱自己，所以有时他们会拒绝承认错误，或者用撒谎的方式来逃避惩罚。

对比女孩，男孩虽然有时更顽劣、更淘气，但其实他们比女孩更需要关心和爱，妈妈们需要让男孩知道不是他们乖、表现好，妈妈才爱他，而是他本身就值得被爱。妈妈需要让男孩明白，每个人做错了事都应该接受惩罚，但这不代表妈妈不爱他了，只要认识到自己的错误，诚恳认错，积极改正，妈妈对他的爱是不变的。

在男孩小的时候，妈妈就应该给予他们更多的关怀、回应、拥抱和鼓励，让他们拥有充足的安全感。

女儿固然乖巧可爱，但儿子一样可以温暖贴心，所以男孩妈妈大可不必羡慕女孩妈妈们的岁月静好，只要我们能够了解男孩的生长规律，了解男孩的心理，耐心倾听，积极陪伴，并给予他们鼓励和支持，养育男孩的过程，也可以变得温馨美好。

给妈妈们的五大陪睡法

我的孩子已经到了要分房睡的年纪，说起这几年的陪睡史，我和大多数的陪睡妈妈一样，"痛并快乐着"。

痛，是有了孩子之后自己的睡眠变得支离破碎，常常半夜惊醒怕压着孩子，或者手一摸没摸到孩子生生吓出一身冷汗。

快乐，是在陪睡的这些日子里，儿歌、催眠曲、睡前故事，还有只属于我们俩的悄悄话，拼凑成了一段又一段甜蜜而难忘的亲子时光。

不过，说起陪孩子睡觉，那真是一项艰苦卓绝的工程。

孩子小的时候，晚上要喂奶、换尿布。当时想着等孩子大一点就好了，可孩子真的大了，还会在夜里要尿尿、要喝水。

甚至陪睡的妈妈还常常会从梦中惊醒，担心孩子是不是从床上掉下去，或者踢了被子。

明明已经累了一天，好不容易到了晚上，心里想着等孩子睡觉终于可以一边刷刷剧，一边跟老公享受甜蜜的二人时光。

可是，哄了半天，孩子怎么都不睡！实在让人上火。

朋友小K每天到了晚上八九点的时候，都要在朋友圈开一个

"熊孩子打一顿才能睡"的直播。发出来的照片里，孩子熟睡的小脸上经常带着泪。

不过，就算顺利把孩子哄睡，陪睡的妈妈们除了要有一颗随时准备着醒来的强劲心脏之外，还要有一副强健的身体，以备随时享受孩子伸过来的"天马流星拳"和"佛山无影脚"。

其实，陪睡也是有技巧的，孩子好的睡眠习惯也可以通过后天慢慢培养。

从小就让孩子学会自己睡觉

简单来说，就是让孩子出生后就自己睡小床。

在孩子有了睡意的时候，把TA放到自己的小床上，让孩子有机会学习自我安抚入睡。

掌握了这一点，基本以后孩子睡觉的事就会很轻松了。

要注意的是，在孩子小的时候，妈妈们会习惯用摇晃、拍哄或者安抚奶嘴等方法来帮助宝宝入睡。

这样其实是不利于孩子睡觉的，因为时间久了，孩子就会养成"伴睡"习惯，如果主要的看护人不能为TA做这些事情的时候，孩子可能就会感到不安，不肯入睡。

固定睡前程序帮助入睡

每天在孩子睡觉前都做同一套固定的模式，比如刷牙、洗澡、讲故事、听儿歌、互相亲吻道别等，这样可以给孩子造成一种自我心理暗示"我要睡觉了"。

这种固定的模式，在孩子出生后就可以进行，且越早开展越容易养成习惯。

睡前程序关键在于坚持，让孩子感受到其中的一致性，并习惯成自然地记住下一个程序，那样他们的心里会更有安全感。

给孩子一个安抚物

夜里频繁醒来的孩子，多半还是因为心里不安定，手一定要抓着什么或抱着什么才会觉得安心。

所以，有时候妈妈发现孩子醒了，以为他是饿了，但喂不了几口奶，他又睡着了。在这种情况下，给孩子一个安抚物是比较好的办法。

电影里也经常有孩子抱着玩具熊独自睡觉的画面，孩子抱着的玩具熊就是他的安抚物。安抚物，不一定是玩具，也可以是一块小手帕，或者妈妈戴的丝巾……那上面有妈妈的味道，或是孩子自己喜欢的味道，这样即使夜里迷迷糊糊地醒来，闻到熟悉的味道，也会继续安心地入睡。

良好的作息时间安排

孩子晚上不肯睡觉，跟白天的活动息息相关。

有些孩子白天是老人带，老年人体力跟不上，所以多半喜欢把孩子圈在家里看电视。

可小孩子精力都比较旺盛，如果白天精力没有消耗掉，晚上自然不肯睡。

当然，也不是孩子白天玩得越累，晚上就能睡得越香。白天精力消耗过大，孩子容易疲劳，虽然有可能会睡得早，但很可能会在半夜醒来。

另外，白天睡眠不足或者过于兴奋的孩子，在晚上入睡时更容易表现出哭闹、焦躁等难以入睡的现象。

要让孩子养成午睡的好习惯，特别是小孩子，生长发育都比较迅速，活动量本来就比成年人大，要尽量坚持让他们在固定的时间小睡1～2个小时，稳定的生物钟也会提升孩子晚上的睡眠质量。如果白天睡的时间过长（超过3个小时）要及时叫醒孩子。

不仅孩子晚上的睡觉时间要固定，爸爸妈妈也要按时睡觉。如果有工作要做，可以在哄睡孩子后抓紧时间完成，尽量保证自己的睡眠时间。

屡试不爽的"装睡"法

回顾我的陪睡史，几乎什么方法都试过了。

比如，晚上玩"儿歌联唱"，玩"不准说话不准动"的木头人游戏，玩"谁会先睡着"的比赛。

可总有一些时候，你试遍了所有方法，孩子就是不睡，这时候怎么办？

我有个屡试不爽的方法，就是装睡，到了睡觉时间，睡前程序也走了一遍，但孩子还不肯睡，这时可以把房间的灯关掉，眼睛闭起来一动不动地躺在孩子身边，不跟TA说话，任凭他怎么"折磨"你，都要咬牙坚持一动不动。

这时候，孩子可能会把臭脚伸到你的脸上，可能会亲你一脸口水，还有可能会一屁股坐在你的胸口……但不管怎么样，这时候再难受也不要动。

折腾了一番过后，孩子发现你"真的"睡着了，就觉得没人陪他玩，不好玩，过不了多久就会乖乖睡觉。

不过这个哄睡法不能长期使用。用的次数多了，孩子会变得精明起来。

比如，你装睡了半天，以为他也睡着了，谁知刚一翻身他就会说："哈哈，妈妈我就知道你是装睡的……"

其实这种装睡的方法，原理就是"冷处理"，据说在欧美的家庭中也很普遍。目的还是让孩子自己平静下来，让他逐渐学会自我安抚入睡。

这里要提醒那些特别心软的妈妈，如果孩子发现你对他的需求总是不回应，他可能会情绪激动地哭闹。如果孩子一哭，你就去抱他哄他，那就前功尽弃了。

只要确保孩子没有安全问题或其他身体不适的情况，请至少坚持五分钟再去看他吧。

第三章

爸爸带大的孩子不一样

爸爸，是每一个家庭的幕后英雄

01

带儿子去看电影《熊出没之变形记》，我被剧中浓浓的父子之情给暖到了，主题曲《世上只有爸爸好》响起来的时候，我居然没忍住，掉了眼泪。

"没那么多微笑，也没那么多拥抱。跌倒要自己爬起来，玩具要自己找。有那么多工作，有那么多烦恼。世上只有爸爸好，长大了才知道，教我什么是尊严，什么是渺小……"

故事是从光头强小的时候开始的，小光头强家住在团结囤，最喜欢的人是爸爸。

每年树叶变红的时候，爸爸会带他去看马哈鱼千里迢迢"跳龙门"，游回出生地产卵。爸爸还会给小光头强讲故事，会把小光头强扛在肩膀上，陪他一起玩，教他砍树……

可惜，幸福的时光总是特别短暂，自从爸爸当上了伐木队的队长就常常不在家。小光头强和爸爸单独相处的时间变得少之又少，在一次次等待和失望中，小光头强慢慢长大了，两人也慢慢变得隔阂。因为不理解小光头强的爱好，有一次，爸爸大发雷霆，甚至摔坏了他心爱的手电筒。

等到爸爸退休有了时间，光头强也长大离开了家。后来，爸爸想要弥补当年缺席的时间，于是，揣着一本光头强小学一年级的日记本，拎着小母鸡坐着火车来到了儿子身边。

一起踢球、放风筝、玩秋千……爸爸想要满足当年小光头强所有的愿望。可惜，童年时没有吃到的棒棒糖，长大了再含进嘴里，早已经变了味。以前爸爸因为工作总不能陪在光头强身边，现在光头强长大了有了自己的世界，自然也没办法接纳早已生疏的爸爸。即便爸爸下定了决心，做了很多事想要弥补，但光头强一点也不领情。

故事最后当然安排了一个温暖的结局，但回顾小光头强跟爸爸之间的关系变化，难道不正是千千万万中国家庭中，父子（女）关系的缩影吗?

02

小时候，在孩子的眼里，爸爸是巨人一般的存在，集力量、勇气、智慧于一身，只能抬头仰视。可在孩子最需要爸爸陪伴的那几年，也恰恰是爸爸们人生中最忙碌的时候，他们有开不完的会、加不完的班、陪不完的客户。

没时间陪孩子，几乎是全世界爸爸的通病，很多时候，爸爸并不是不想陪孩子，只是衣食住行、兴趣培养、教育投入……孩子越小越需要花钱。

爸爸们不得不牺牲掉和孩子的亲密时间，努力为他们更美好的将来打拼。

以前每次看到春节后父母返城打工，把孩子托付给老人的新闻，我都很不理解。看孩子扒着车子哭得那么伤心，父母怎么忍心就一走了之呢？难道赚钱比一家人团聚在一起更重要吗？

有一段时间，王先生出国工作，我自己成了独自带娃的留守妇女，经常听王先生在电话里讲述在外工作的劳累以及对我们的思念，我才深刻地体会到那些出门在外打拼的爸爸们有多不容易。所以那个春节，我带着孩子一起去王先生工作的地方陪他过年。本来满心欢喜地想着假期结束他可以跟我们一起回来，结果还是我一个人带着娃先飞回来，看着王先生不舍的样子我心里也很不好受。

人年纪越大，越不喜欢颠沛流离，短暂的相聚之后，心里反而更加失落。

这趟旅程，美其名曰是度假，其实是王先生在工作的间隙挤出时间来陪我和孩子。他一边要工作，一边又想着让我们好好玩，一心二用，怎样都不能尽兴。

我们回来之后，王先生在视频里说："没有了你们，什么也不想吃，哪里也不想去，一个人在宿舍好没意思啊！"

我明白当初王先生接受这个工作机会，无非为了给我和孩子更好的生活条件。他独自在外生活，常常是一碗汤粉、一瓶啤酒将就着便是一餐。

或许在每个男人的内心深处，有了家庭，有妻儿老小，日子才逐渐显露出丰盛的姿态，会希望努力多赚点钱，换大一点的房子，让孩子上好一点的学校……

一个一个小小的愿望累积在一起，便成了爸爸们一生的目标。

03

一个家庭中，妈妈着眼于细节，爸爸则掌控方向。

比如出去旅行，我关心的是孩子会不会感冒受凉，吃的东西习不习惯。而王先生则负责规划行程，安排酒店机票，并在其中抽出时间约见客户，洽谈项目。

长远的计划并不能在短时间内看到结果，而日常的琐碎却平铺在每一个朝夕相对的日子之中。很多时候，妈妈看起来忙里忙外，似乎是整个家庭的唯一支撑，其实爸爸在背后默默的贡献和付出，也同样需要被家人看到。

就像保护孩子是妈妈的本能，成为一个好爸爸也是每个男人的理想。当一个男人成为爸爸，就被赋予了使命，要扛起家庭的责任，这是雄性生物进化的规律，是他们传播基因的本能，也是一代又一代繁衍生息的榜样。

朋友说，她一个人在外上学多年，男人会的她全会，所以有时感觉有没有老公都一样，而我不这么认为。

一个人带娃，一个人做家务，一个人赚钱……女性本柔，为母则刚，我相信每个女人在当了妈妈之后都可以变得无比强大，但如果身边有丈夫的支持，她心里一定会更加踏实，更加所向披靡。一个家庭，也因为有了爸爸妈妈两个人的付出，才会更加牢固、幸福。

相反，那些明明有老公却过得像单亲的妈妈，除了责备丈夫不作为之外，其实可以自省一下，很多时候，是不是自己在不经意间就把老公该做的事都包办了呢？其实，这无形之中是亲手把他往外面推，长此以往，丈夫只能和妻子渐行渐远，爸爸只能和孩子渐行渐远，游离在家庭的边缘。

心理学家荣伟玲在她的文章里提到过：

哪怕是有血缘的亲密关系也非常难以建立，于是一些人，尤其是男性，干脆就放弃亲密关系，只沉浸在某个特殊领域里。比如，艺术、科研等。

归根结底，无论亲子还是夫妻，建立关系之所以难，是因为另一个人不可控制，不像其他专业领域，一个人只要足够专注和努力大多都能有所作为。

04

小L从小是妈妈一个人带大的，爸爸没什么文化，一直在外面打工赚钱，只有春节才回来，把一年辛苦所得悉数奉上。只是这些年，小L跟爸爸聚少离多，几乎没有感情。

转眼，小L到了适婚的年龄，可是要结婚，彩礼、婚礼是一笔不小的开销，爸爸看在了眼里。

为了让小L能娶上媳妇，过了春节，上了年纪，身体大不如从前的小L爸爸又打起铺盖，决定回工地卖苦力赚钱。

跟所有的爸爸一样，小L爸爸觉得活儿脏点累点都不要紧，他唯一盼的就是小L能成家立业，有个美好的前程。

尽管如此，小L跟爸爸待在一起的时候，常常是寒暄话都说不了两句，始终没办法像其他父子那样亲近。

当妈妈的，老了可以凭借和孩子长期共同生活的经历，轻松地参与孩子成年之后的生活，而当爸爸的，在孩子小的时候缺席，没有培养起感情，将来老了，在家里只会越来越找不到自己的位置，永远有一种走进别人的主场的感觉，怎么样都不舒服。

特别是一些上了年纪的爸爸，没有了当年叱咤风云的能力，却保留了年轻时倔强固执的脾气，在家里只会越来越不受待见，成为家庭的边缘人。

所以，在父子关系的协调上，妈妈的角色尤为重要。要帮助爸爸和孩子建立起融洽的亲密关系，特别是有男孩的家庭，爸爸对男孩有着十分积极的影响。

德国家庭治疗师伯特·海灵格是这样形容男孩和爸爸的关系的：

男孩在胎儿期和童年早期，主要是受母亲的影响。如果他不能突破这种影响，母亲的影响就会充斥着他的身心。他会深深感受到母亲的力量和重要性，使得他无法成长为一个珍惜女人并维持长久伴侣关系的男人，无法成为一个好爸爸，也无力维持一段平等的男女关系。他必须放弃那最原始、最亲密的对母亲的依附关系，去接受父亲的影响。

与孩子建立亲密关系最关键的也就是那几年，错过了就很难弥补，我不希望王先生以后也成为一个和孩子说不上两句话的爸爸，所以哪怕一个人带着孩子飞来飞去很累，我还是坚持全家人要一起过年，为的就是给他们父子多一些相处的时间。

05

爸爸这种生物，在家有时会感觉很累赘，但不在家又总觉得缺少点什么。

虽然，爸爸难免有这样那样的原因，不能时时陪伴在孩子身边，虽然他有点木讷，不擅长表达，但妈妈和孩子也不能把在外努力打拼的爸爸，当作一个会说话的赚钱机器，更不要让他成为一个回到家连话都插不上的弱势群体。

即使爸爸不在孩子身边，妈妈也要常常当着孩子的面称赞爸爸，为爸爸和孩子之间搭建桥梁，寻找彼此的认同。

孩子很快就长大，想让孩子能跟爸爸不生疏，一直保持良好的亲密关系，那么从现在开始，就多给爸爸机会，让爸爸在孩子心里也占有重要的一席之地吧！

亲自带孩子，爸爸会跟孩子更亲

01

天气好的傍晚，我们家附近的广场会有很多家长带着孩子在那里玩。不过放眼望去，带孩子的大多都是老人和妈妈，极少看到有爸爸陪伴在身边的。

有一天，一位奶奶带着一个一两岁的小宝宝在广场玩球，一个五六岁的孩子抢了滚落的球去玩，不小心把球丢进了小区中间的小河里。

眼看球越漂越远，渐渐漂到了小河的中央，奶奶看到球捡不上来了，便很生气地训斥大孩子："都怪你，抢我家宝宝的球，现在球丢了，你赔！你没钱就叫你家大人来赔！"大孩子虽然顽皮，但面对这突如其来的意外和责备，也吓蒙了，急得直掉眼泪。

小区广场上当时还有很多其他家长，可他们就只是无动于衷地站在一旁看热闹。这个时候，有个带着孩子在玩的金发碧眼的外国爸爸看到这个情况，立刻让他的孩子帮他捡来一些小石子，他拿着这些小石子，一块接一块地朝小河中间的球砸去，借助水波把球推到了对岸。

球飘到了岸边，小区保安用一个网兜把球捞了上来，还给了小宝宝的奶奶，这场风波才算平息。

这一举动，既帮助了别人又教育了自己的孩子。广场上目睹这一经过的其他妈妈们，无不对这位外国爸爸充满了赞叹。

02

这件事让我回味了很久。那位爸爸临危不乱、乐于助人的处事方法，是用自己的言行为孩子上了最好的一课，将来他的孩子一定也会在别人需要帮助的时候伸出援手，不计回报，成为真正的男子汉。

我也希望王先生能成为这样的爸爸。

但很显然，包括王先生在内，大多数中国爸爸离那位外国爸爸还是有一定差距的，其中最主要的是，他们陪伴孩子的时间太少了，甚至没有"亲自"当过爸爸。

"亲自当爸爸"听上去似乎有点滑稽，但仔细想想，一个男人，并不会因为老婆生了孩子，就自动学会了如何当爸爸。成为一个真正的爸爸，这其中需要付出多少爱和耐心，只有亲自养育过孩子的爸爸才能体会。

那么，怎样才能"亲自"当爸爸呢？

别被"好爸爸"三个字吓倒

我的孩子出生时，王先生有十天的护产假，却只会躲在小房间里打游戏，对此我也有过抱怨。可他后来告诉我，其实他当时很害怕，不知道该怎么办，晚上怕翻身压着孩子，只好跟我们分床睡，躲在小房间里。

一个男人，如何成为一个爸爸，其实从来没人教过他们，"好爸爸"这三个字的分量如此之重，所以很多男人可能都被吓到了。

虽然他们内心渴望自己能成为一个好爸爸，给孩子一个有爱的环境，但真正面对自己的孩子时，年轻的爸爸们往往手足无措，相比之下，还是逃避来得比较容易。

其实当个好爸爸也没有想象的那么难，只要在平时抽出一点时间多陪陪孩子，就会慢慢建立起感情。

"给孩子钱"不等于"给孩子爱"

中国爸爸会习惯性地在"赚钱"和"爱孩子"之间画上等号，他们认为赚钱越多，就是对家庭贡献越大，越爱孩子。

陈冠希9岁那年搬到香港回到父亲身边，本来是希望至少能在周末跟父亲相处，没想到却仍然只得到"没有时间"的回答和很多的钱。

陈冠希说他"希望从父亲身上知道怎么成为一个男人，怎么成为一个绅士，但得到的只有钱"。

问题是，在孩子出生的最初几年，他们对于钱没有概念，只会对陪伴在身边的人抱以笑脸。钱，不等于爱，很多爸爸都本末倒置了。

爱孩子的妈妈，并珍惜她为家庭的付出

2012年的伦敦奥运会上，瑞士自行车手法比安·坎塞拉拉突然宣布退赛，因为他要回去照料即将生二胎的妻子。

他说："我不仅仅是一个自行车手，我还是一个丈夫，也是一个即将出生的孩子的父亲。至少我能在她这段艰难的日子里给她温暖。"

这样体贴的老公，再为他生几个孩子都是心甘情愿的吧。

同样在伦敦的奥运会，流行歌手罗比·威廉姆斯退出闭幕式演出，因为他妻子的预产期和闭幕式时间重合。

家庭和事业之间，谁更重要也许因人而异，但如何取舍，却体现了一个男人的三观。而那些始终把家人放在第一位的爸爸，通常事业也不会太差。

小事上充分尊重，大事上把握方向

吃什么饭菜，看什么动画片，玩什么游戏这样的小事就让妈妈和孩子去做主吧！你只要能抽出时间来陪他们就好。

选什么专业，如何锻炼身体，如何有效学习，以及家庭的界限、规则的制定等，这些事情上如果爸爸能够起到主导地位，会使这些规则更具有权威性。

困难时一直陪伴在家人身边

养育孩子的过程，让全家人最痛苦的事情莫过于孩子生病。

病痛的折磨倒在其次，妈妈的焦虑更难以平复，所以每到这个时候，爸爸请尽量陪伴在妈妈和孩子的身边。

有爸爸的在场，妈妈劳累、难过的时候可以依靠在丈夫的肩膀上，孩子醒来后可以第一时间看到爸爸的脸。这些对于身处困境的家人来说，就是莫大的安慰。

03

每个家庭的情况不尽相同，但可以肯定的是，如果孩子成年后跟爸爸之间有着和谐的亲子关系，那背后一定有一段爸爸亲自参与的成长。

我自己是在部队大院里长大的孩子，因为爸爸从小把我带在身边，所以小时候爸爸在我眼里的形象是高大而具体的，一身军装，英气挺拔。

我最喜欢的是坐在爸爸的永久牌自行车的大杠上，跟着爸爸一起去兜风。在爸爸送我去幼儿园的路上，听他给我讲他自创的《小西游记》的故事……

那些跟爸爸在一起的快乐时光，像一颗颗珍珠，串起了我童年的美好回忆。

爸爸是孩子一生的榜样和标杆，是决定孩子幸福的关键。

请爸爸们不要再当隐形人，亲自带一带孩子，亲自收藏属于你和孩子的独家记忆，不然，等他长大可就晚啦！

缺席的爸爸，不缺位的爱

有一篇题目为《世界正在偷偷惩罚"不陪孩子的父亲"》的文章，曾经在微信朋友圈热传。

文章中说：

"当你躺在床上看手机，人为地屏蔽了和孩子的联系，不久之后，你将收获和你同款姿势躺在床上玩手机的少年。

"当你的孩子兴致勃勃地和你讲今天发生的趣事，你冷冰冰地打断孩子，转而看向电脑或电视。不久以后，你将收获一个电视控的孩子，思想不集中，上课开小差，成绩不优秀。

"当你的孩子需要你陪她出去运动，你拒绝了，理由是你要加班、陪客户。她会觉得钱比她更重要，你的孩子长大后可能会是一个性情冷漠、利益至上的工作狂。"

我非常赞同文章中所表达的观点，现在你不好好陪孩子，将来孩子跟你之间的感情也不可能凭空生出来。

现在的教育理念，更多的是鼓励爸爸参与到孩子的成长中来，不再把孩子的教育责任全都甩给妈妈，这是时代进步的表现。可是，我们不得不面对的是，很多爸爸不能陪孩子，不是不想，真的是情非得已。

有一些爸爸的职业比较特殊，比如军人、海员、警察、医生、驻外人员等，他们长年驻外工作，跟孩子见面的机会少之又少，更别说陪伴了。

《解放军报》曾经刊登了一则爸爸要去非洲维和，跟三胞胎女儿告别的新闻。

西宁联勤保障中心成都总医院医务部副主任刘曦，作为第21批赴刚果（金）维和医疗分队队长行将出征非洲。

分别的时候，三个女儿号啕大哭，抱着他大腿不让走，爸爸纵然再舍不得，最后也还是咬牙挥泪暂别女儿。

还有一个让我觉得很戳心的视频，是讲一位当火车司机的爸爸，因为太久没有回家，妈妈只好带着儿子在他开的火车经过的地方等，等他开的火车从面前经过。因为靠着这短短几秒的相逢，就能让孩子开心好几天。

一个浙江的8岁小男孩，曾在作文里吐槽自己的爸爸"狗都讨厌"，因为他爸爸是外科医生，经常加班，一回到家就睡觉，怎么叫都叫不醒，不过一到上班时间他却永远精神抖擞的。作文中这位外科医生爸爸，工作居然忙到连跟儿子一张合影都没拍过。

还有深圳一个小学生写的名叫《我的爸爸在华为》的文章，也看哭了好多人。作文里孩子说爸爸晚上总是不能回家吃饭，几乎每天都是天黑之后才回来。

这世上，当然有不少在孩子最需要陪伴的时候，自己却跑出去喝酒打牌玩游戏的不称职爸爸，但也有不少爸爸，不陪孩子是因为他们不得不扛起生活的重担，扛起身上的使命和责任。

02

有人说异地恋是最煎熬的，其实，更煎熬的是，结婚生子后，夫妻俩还要两地分居，一边是女方拖家带口既当爹又当妈，一边是男方出门在外，日夜思念妻儿，却遥无归期。

小Z家就是这么个情况。

结婚后，小Z的老公长年在北方工作，跟小Z聚少离多。有孩子之前，小两口都还年轻，也洒脱，节假日不是你回来就是我过去，再说了，距离产生美，感觉还挺有情趣。

有了孩子之后，问题就凸显出来了。

夫妻俩一年都见不了几面，更别说陪孩子。现在孩子已经上小学，依然是一年见不了爸爸几次。虽然有婆婆帮衬，但一个人管孩子还是让小Z身心疲惫。

特别是当儿子又一次淘气，玩起了"离家出走"之后，小Z真的感觉要崩溃了。

小Z的儿子是一个聪明活泼的小男孩，很有自己的想法，小小年纪就一个人参加夏令营，像个小男子汉，只是特别淘气。

他玩水枪，把邻居家晒的被子弄湿，小Z让他去道歉，他不去，情急之下，小Z摔坏了他的水枪。孩子生气得大哭，因为那水枪是爸爸送给他的。

上钢琴课，就因为老师说他弹得有点问题，他一气之下，竟然一个人不声不响地从学校跑了出来。当时小Z和老师出去四处找，都急疯了，吓得差点报警，四十分钟后奶奶打电话来说孩子已经到了家。小Z赶紧跟老师赔了不是，往家赶。赶回家二话不说，就是一顿胖揍。

孩子嘴上说知道错了，可小Z知道他是口服心不服。

小Z自己也是老师，看过很多书，育儿理论也了解不少。她说孩子之所以会这样，是典型的"父爱缺失症"：

即，缺少父爱的孩子情绪不稳定，性格容易冲动，内心比较脆弱，容易激情发泄，导致犯罪。

她知道爸爸不在孩子身边，对男孩的性格影响很大，所以也尝试过很多方法。比如，让身边的男性朋友带孩子去玩，带孩子跟朋友一家一起去旅行。

可是当她高高兴兴带着孩子出去旅游的时候，孩子哀怨地说了句："他们都有爸爸陪着玩。"小Z自己就先难过起来。

没有对比就没有伤害，小Z怕再刺激到孩子，此后再也不敢和朋友全家一起出去了。

03

因为丈夫不在身边，小Z不想因此对孩子放松了约束，怕以后孩子变得没有男子气概，所以平时对他的管教很严格。

可是，白天小Z要上班，孩子的接送工作只能交给婆婆，但婆婆跟自己的教育理念又不同，两个人两套标准，让孩子钻了空子，所以总会隔三岔五地惹出麻烦。

没有了爸爸这个角色在其中协调，婆媳之间也很难达成意见统一。

熊孩子三天两头惹事，她感觉自己的耐心已经被磨光了。小Z感叹道："丈夫丈夫，一丈之内才是夫！"丈夫不在身边，婆家在她心里已沦为旅馆，天天都没有回家的欲望！

爸爸不能在孩子身边，老公不能在妻子身边，妈妈一个人带着孩子的苦，没有亲身经历过的人真的无法体会。

那么在这种情况下，爸爸又可以为孩子做些什么呢？

如果爸爸在短期内真的不能陪伴在孩子身边，妈妈首先要接受这个事实。而且现在的通信那么发达，每天爸爸能抽出固定的时间跟孩子视频一下，或者聊聊微信、发发邮件，也是很好的交流沟通。

爸爸不能陪伴在孩子身边，不代表就不能关心孩子，妈妈也要想办法为孩子打造一个时刻有爸爸关注和爱护的温暖环境。

该爸爸做的事留给爸爸

爸爸不在身边，妈妈也不必把什么都扛下来，该爸爸做的事还是留给爸爸。

孩子说，妈妈你帮我拼火箭，你可以告诉他，这个妈妈不会，等下次你爸爸回来，跟你一起拼。

这样会让孩子对爸爸有所期待。

在心理上让孩子给爸爸留出位子

小Z跟我抱怨，说孩子感受不到正常的父爱，每次跟爸爸聊天就只会要礼物。其实，那是因为，现在爸爸能给的只有这些啊。

爸爸不在身边的孩子，并不是真的缺失父爱，只是见面次数比较少而已。爸爸给他的礼物，也是一种爱的表达。

比如，水枪坏掉的那次，孩子哭了半天，说小Z弄坏了爸爸送给他的礼物。可见，爸爸在他心中还是有分量的。

有限的表达方式，也是爱的传递。不仅爸爸可以给孩子送礼物，在爸爸的生日、父亲节等日子，妈妈也可以引导孩子，让孩子也学着对爸爸表达心意。

有付出，有回报，爱流动起来，才能延续下去。

当好妈妈的角色就够了

爸爸和妈妈身份不同，特点也不同。爸爸代表着力量和勇气，妈妈代表着温柔和关爱。

温柔的妈妈能够与孩子很好共情，如果强迫自己要兼任爸爸的那一份职责，会不自觉地收起温柔的一面。

爸爸已经不在自己身边了，妈妈也不能理解自己，孩子难免心灰意冷。

与其让孩子感受到一个不完整的妈妈和一个不完整的爸爸，不如尽自己所能去把妈妈的角色当好。一个好妈妈，对孩子的影响足以弥补大部分的遗憾。

制定规则，统一方法

即便爸爸不在身边，仍是这个家的一分子，也应该支持妈妈制定的规则。有了爸爸的支持，妈妈的力量会更强大。

如果和孩子意见不统一，妈妈也可以退一步求助于爸爸，对孩子说："问问你爸爸，看他怎么说？"

如此，既可以让爸爸参与到家庭规则中来，也可以让孩子感受到爸爸无时不在的存在感。

让爸爸成为孩子的榜样

刘国梁的女儿刘宇婕，7岁拿到世界之星青少年高尔夫锦标赛的冠军，因为她从小就把爸爸视为自己的榜样，从小就下定决心要超过16岁拿到世界冠军的爸爸，现在她已经如愿以偿达成目标。

电视剧《小爸爸》里，夏天从出生开始就没见过爸爸，却敢一个人从美国坐着飞机来中国，找那个不知道自己存在的爸爸于果，这都是因为妈妈从一开始就在帮他建立爸爸的正面形象。

所以夏天认为自己的爸爸就是个超级英雄，因为忙着拯救全世界才没去看他，他为有这样的爸爸感到骄傲。

04

爸爸对孩子而言到底意味着什么？

对于年幼的孩子来说，妈妈对爸爸的评价就是全部。

在不停抱怨憎恶的妈妈口中，爸爸是个一无是处的窝囊废。

在积极乐观的妈妈口中，爸爸就是个脚踏五彩祥云的盖世英雄。

哪怕十几二十年后，岁月真的会给那些没有陪伴孩子的爸爸带去惩罚，对于孩子来说，也已经毫无意义。

迟来的惩罚，缓解不了那些年得不到爸爸疼爱的伤痛，带给两代人的只有隔阂和创伤。

只希望，越来越多的爸爸都能有机会守护在家人、孩子的身边，体会妈妈经历过的辛劳和挣扎。

看到妻子起夜喂奶、接送孩子上下学、辅导作业，守在生病孩子床边的时候，爸爸们都能尽力帮上一把。

因为从某种意义上来说，爸爸如果能够好好地教养孩子，也可以成为拯救世界的一部分。

做个好爸爸，真的没那么难

01

《人民日报》的新浪微博在2018年8月11日发布了一个视频，视频的内容是邀请5～50岁的男人用一个词来形容自己的父亲。

视频很感人，我看哭了。

不过，感人归感人，这条微博的评论区却几近沦陷。

在获赞数最高的前十名中，对爸爸的正面评价少得可怜，几乎全军覆没。这个场面不管怎么说，还是有点尴尬。

自从知道豆瓣上有个叫"父母皆祸害"的小组存在，很多人似乎找到了自我开脱的最佳渠道——我身上所有的不如意，都是原生家庭造成的。

他们把自己的失败都归结于父母的错，不成功、没有钱、找不到工作、结不了婚……总之把发生在自己身上的一切不如意都归结到父母身上，自己就轻松多了。

而且这股吐槽风暴的中心，落点最后大多都集中在了爸爸身上。

甚至连妈妈也会吐槽爸爸。

可是，把家庭里所有的负面问题都推到爸爸身上，一切就解决了吗？

没有人是完美的，如果这句话里包括妈妈们自己，当然也包括那个说与你白头偕老、答应照顾你一生一世、应该陪你一起养育孩子的男人。

02

给一个家庭带来负面影响的原因是多种多样的，而把所有责任都推到爸爸身上，本身就不公平。

为什么大环境会对"爸爸"有这么严重的差评呢？

现代社会对爸爸的要求变高了

在过去的时代，爸爸只要让家人、孩子吃饱穿暖，就是尽到了对家庭最大的责任。但是现在，随着社会的进步、科技的发展，人类已经从体力劳动中逐渐解放出来，体力相对较弱的女性，一样可以凭借智力获得丰厚的报酬。双职工的家庭，对爸爸赚钱的需求已经不再那么迫切，所以对于爸爸大家就有了更高的要求，不仅要求他们把钱带回来，还要他们把时间和爱带回来。这对疲于奔命的中年爸爸来说，无疑增加了这个岗位的难度系数。

新手爸爸对家庭缺少责任感

之前有个新闻，说一对"90后"的小夫妻，结婚三年，厨房从来没用过，都是双方父母来照顾他们的生活，孩子出生后，妈妈觉得自己付出太多，而爸爸还是像以前一样在外面玩，忍不了就离婚了。

虽然说没有责任感并不局限于年轻的爸爸，但传统的思维模式让我们觉得，身为男人在家庭中就应该是责任的担当。

但现实却是，年轻一代本身是在父母的控制或宠爱中长大，大到上什么学校、找什么工作，小到吃什么饭菜，都是父母安排，所以他们不知道"责任"到底意味着什么。

爸爸更少参与育儿

很多爸爸不参与育儿，把教养孩子的重担全部压在妈妈的身上，是他们最被诟病的问题。

这种情况的发生一是因为男性基因里对婴儿的责任感不如女性强；二是因为爸爸亲自育儿的机会较少；三是因为爸爸从育儿中获得的成就感，比妈妈要少得多。

孩子在出生前，妈妈已经有十个月的时间跟孩子培养感情，感觉到一个生命在自己体内孕育成长，是男性不具备的功能。

爸爸自己的生活潦倒不堪

正像现在你吐槽自己的爸爸或是原生家庭一样，爸爸们也有他要吐槽的爸爸和原生家庭。

不是所有爸爸的事业都一帆风顺，自己尚且自顾不暇，又哪有多余的爱和温暖来分给孩子？

凭着电影《小偷家族》获得金棕榈大奖的日本导演是枝裕和，被称为"当代日本家庭片"第一人，可是他作品中那些窝囊和无能的父亲角色，正是他自己爸爸的缩影。

是枝裕和的父亲出生在中国台湾，战后被遣送回了日本，恰逢日本战后混乱时期，吃了不少的苦头也没能翻身，心情苦闷，于是终日沉迷酒精和赌博。

面对这样一个整日沉沦的父亲，全家人都显得很冷漠，他的母亲临死之前还在说："认识他是我最大的失败！"

这也影响了是枝裕和对父亲的态度，在青少年时期，他甚至逃避和父亲接触。

所以成年后，是枝裕和回想起当时对父亲的态度，一直饱含着歉意，才会一遍又一遍地在电影里表达着孩子和父亲之间的深情。

03

香港演员黄秋生4岁那年就和妈妈一起被英国籍的父亲抛弃，迫于各方面的压力，黄妈妈将洗衣粉喂给他吃，黄秋生吃完后口吐白沫吓坏了大哭的妈妈，妈妈这才赶紧报警求助。妈妈说是她弄错了奶粉与洗衣粉，其实黄秋生一直知道，母亲那时是想杀掉他，再自杀，只是最后没有舍得。

幼年时期黄秋生对于自己"中不中英不英"的身份相当自卑，被父亲抛弃的经历，也使得他成年后没办法融入正常的家庭生活。他担心自己性格中的坏因子会影响家人，于是结婚第二天，他就搬走了。他和妻子分开居住，定期相聚。

有了孩子之后他更怕，他连抽根烟都怕烟和烟灰缸碰撞的声音会影响孩子写作业。

没有爸爸的黄秋生，哪怕多年后拿到了影帝也开心不起来。他一直没有放弃寻找自己的亲生父亲，直到2018年3月，他才与同父异母的两个哥哥团聚。

两个同父异母的哥哥专程来香港看他的那天，黄秋生很高兴，他说：

"我爸爸曾在信里说，如果我是一个good boy（好孩子），他就会帮我搞定所有的事，我想他觉得我现在是good boy了吧，所以就派两个哥哥来看我了。"

56岁的黄秋生，终于成了自己渴望成为的那个good boy，终于以这样的方式，获得了父亲的认同。而他也终于可以对着镜头说："我发觉原来也有值得我开心的事情……"

哪怕是到了56岁，才以这样的方式获得亲缘的认同，黄秋生也觉得开心，那是因为，站在孩子的角度，获得爸爸（亲缘）的认可，是他们寻求自我认同的重要组成部分，也是他们终其一生都要完成的功课。

所以爸爸哪怕再窝囊再无能再不堪，作为带给自己生命的人，孩子也希望能够与他建立连接。

04

很多爸爸的确算不上是"完美父亲"，包括我爸爸在内，但如果有人让我用一个词来形容爸爸，我想我会说"善良"。

我爸爸他固执、保守、不擅表达，对我喜欢的写作也无情地打击过，但这一切都不能否定他是一个善良的人，他用他善良慈爱的心滋养我长大。

所以当年，王先生的父亲问我看上他儿子什么的时候，我脱口而出的就是"善良"，可见"善良"也成了我寻找终身伴侣的首选条件。

在这个世界上，有一些爸爸，他们有着体面的工作，可以赚取巨大的财富，在事业上功成名就，但唯独对孩子冷若冰霜。

比如，苹果公司的创始人乔布斯，他创办的公司改变了人类使用手机的习惯，他为自己家庭积累了巨大的财富，可是他对自己非婚出生的大女儿却一直没有尽到爸爸的责任，使得女儿在7岁前就跟着妈妈搬了13次家。

最后，前女友走投无路才决定上诉乔布斯，为女儿赢得了每个月500美元的抚养费和一个小时的亲子时间。

相比之下，我还是更愿意要一个普普通通的善良的爸爸。他也许不完美，但他真实地生活在我的世界里，够得着，摸得到。

05

我相信每一个男人在抱起自己幼小的孩子时，心里都会想要成为一个好爸爸。只是在这条道路上，有的人很容易就成功了，而有的人却要一直苦苦支撑。

那么身为妻子、孩子，我们可以为他们做什么呢？

给他们机会，给他们时间，给他们耐心，少一些苛责和抱怨，告诉他们，无论你现在拥有多少财富和荣耀，又或者是多么渺小，那都没有关系。

因为对于孩子来说，成为一个好爸爸，才是一个男人在这世界上最值得骄傲的职业。

第四章

不吼不叫，轻松养出好孩子

孩子需要鼓励，就像植物需要水

上小学前的那个暑假，对于很多孩子来说，并不好过。

为了让孩子能提前适应小学生活，幼儿园大班结束的那个暑假，我要求儿子每天认真写一行笔画，读一遍英语，写一排拼音，做两页数学应用题。

我打听过，这点学习量在同龄的孩子中，已经算非常少的了。

小学不像幼儿园，是要写作业的，是要在课堂上一坐就是40分钟的，这个时候不管你爸妈是谁，只要进入了这个教育体系，就得按照学校的规则来，没有谁可以搞特殊。

曾经听一个一起上课的妈妈分享她孩子上一年级的经历，这个主张快乐育儿的妈妈，她孩子整个幼儿园期间什么都没学，上小学老师教了复韵母an，第二天就听写拼音 an（安）quan（全），孩子不会，只能一脸蒙。

老师不会因为少数人拖教学进度，所以只能家长回家自己教，小学一年级每天就为拼音弄到晚上九十点。

虽然已经跟老师提前打过招呼，孩子零基础入学，什么都不会，但是叫起来回答问题，两眼一抹黑，老师多少还是会说两句，小女孩的眼泪就汪在眼眶里。

这些前车之鉴摆在那里，我没法不担心。

老师再好再负责，但毕竟班上孩子多，很难顾到每个孩子的水平，家长不能抱着侥幸心态，自己的孩子还得自己盯。

02

那个暑假，即便学习量已经不算大，我儿子还是觉得很艰难，每次在写作业的时候都会放空，催一下写一笔，一排笔画可以写一个上午，写得七歪八扭的还得重写，越写越差，再重写更差……第二天更加不想写，能逃则逃。

生气、上火，肯定的。

怎么办？继续制定规则，列出计划，陪着一起做……

直到儿子那天跟我说，"妈妈觉得我什么优点也没有，一点用也没有。"

问他为什么这么说，他说他字写不好，跆拳道练不好，数学题目算不出来，觉得自己非常差。

仔细想想，这段时间他接受的负面信息的确太多了。

当孩子的身份从幼儿园转变到小学生，就不再是那个与世无争的小宝宝，大人对他们的要求也从"快乐成长"，转变到"成绩好""考上好学校"这些功利的指标上来，所以想要找到孩子的错误和缺点实在太容易了。

孩子身上被家长找到的缺点越来越多，以至于完全看不到孩子的优点。是优点随着孩子的成长而消失了吗？当然不是，是大多数父母选择性地看不到罢了。

时间长了，大人就更加习惯指责批评，而忘记了称赞和表扬。当孩子面对父母的指责和批评无力反驳时，就会按照父母的意愿，真的变成那样的人。因为孩子幼年的时候，认知水平有限，父母的话就是他们赖以评判自己的标准。

03

称赞孩子，对父母而言也许只是一句无关痛痒的评价，但对孩子来说，父母的评价是他们逐步学会怎么客观评价自己的重要依据。

《来自孩子的挑战》一书的作者，美国儿童心理学家、精神病医生和教育家鲁道夫·德雷克斯说过："孩子们需要鼓励，就像植物需要水。"

所以说父母的称赞和鼓励，可以影响孩子的一生，也一点不为过。

范伟曾经主演过一部电影叫《求求你表扬我》，它讲述了一个一辈子没获得过表扬的老实人，希望记者把他曾经救人的事迹，登在报纸上表扬自己。

因为他老实的父亲，是一位把荣誉视为生命的老劳模，但是却从来没有给过自己的儿子一句赞扬。所以儿子即使已经活了半辈子，也需要靠别人的肯定来慰藉父亲最后的生命。

父母从来不称赞孩子，会让他的自我评价都很低，没有自信，缺乏生命力。

当然，这里的称赞，并不是让父母虚伪地恭维孩子，即便做得不好，也对他说"你很棒"。

称赞是指，父母通过细心观察孩子，诚恳地肯定和鼓励孩子，表扬的话语越具体越好。

比如，"我看到今天你写字的时候，特别认真仔细，一次橡皮也没用"。

类似这样具体的称赞，能引起孩子的共鸣，他知道自己付出的努力被认可，内心会升起自豪感。

父母只要真心地欣赏孩子，就一定能发现闪光点。就像在一张白纸上画了一个黑点，你可以说它是个黑点，但也要看到它更多的还是洁白的纸面，更要看到那个黑点可能衍生出一幅美丽的图画。

当父母用语言诚恳地对孩子说出的闪光点，以及它带给自己的感受，孩子便能体会到父母的真诚，与他们变得更加亲密。这样父母带给他们的称赞也就能真正激励他们。

04

称赞孩子，在现代育儿界比较流行的说法是赏识教育，但称赞也好，赏识也罢，在这个过程中，父母如何称赞孩子也是需要注意的。比如，孩子考试考得好，我们可以称赞他，是因为你考前准备充分，考试时细心，所以取得了好成绩。因为考前准备、考时仔细这些因素都是孩子可以控制的，那下一次考试，他还会继续努力么做。

这种评价，心理学家称为"成长型思维模式"，促使孩子把好的结果归因为自己的努力、仔细等可以控制的因素，经常这么评价，孩子也逐渐会用成长型思维模式来评价自己。将来，在他考得不理想的时候，也不会排斥父母指出问题所在，而会根据父母的建议调整学习方法。

如果孩子考得好，父母称赞他聪明，这种评价方式，心理学家称为"固定型思维模式"，会促使孩子把好的结果归因为聪明、天分、运气，这些人无法控制的因素。

经常这么评价，孩子也会形成固定型思维模式。如果他考得不理想，就会特别泄气，因为我笨，这方面我就是学不好。这样孩子的能动性就丧失了。

05

称赞的最终目标是让孩子建立全面的自信心。

作为妈妈，我是希望将来我的孩子无论成绩好坏、能力大小，又或是从事什么工作，都能够自食其力、积极乐观、身心健康。

可是孩子还没上小学，情绪就先崩溃了，这样，即便他知识学得再好又有什么用呢？

孩子升学，的确对家长对孩子都是一次挑战，但也不是所有的孩子都要按照一种方式来恶补，要根据自己孩子的特点，制定相应的方法。

比如，我家孩子做算术题有时反应比我还快，拼音也认识，会写，他缺少的就是基本功的练习。所以我打算减少运算和拼读的量，保持基础的基本功练习。

并且每天会增加一个"寻找优点"的游戏项目，就是让孩子回顾自己一天的表现，找到一个最值得表扬的优点，用本子记录下来，可以用文字、可以用拼音也可以用画的。如果他发现了家里其他人的优点，也可以用这种方式记录下来。

当然也许孩子离你的要求和期望还很远很远，但是用欣赏的眼光看孩子，再淘气的孩子，也能找到值得表扬的小亮点，这些小亮点一个一个汇聚起来，便是孩子将来前进的动力和希望。

大人如何说，孩子才会听

在教育的问题上，不管是老师还是家长，最头疼的永远是那一类"油盐不进"的孩子，也就是无论你说什么，他都完全听不进去，自顾自做自己的事。

排除一些孩子主观的生理或情绪问题，其实大人与孩子之间沟通不畅，多半还是沟通方法出了问题。

比如，坐公交车的时候让孩子不要往前面挤，孩子就是不听，你斥责他不听话、没礼貌，他可能只是想挤过去看一看站牌，害怕坐过了站。

再比如，大人看到孩子把水弄得满地都是，就忍不住训斥，却没有耐心了解孩子想帮忙拖地的善意。

成年人想要让孩子明白自己的意图，配合自己的指令，首先自己就得把话说清楚。

偶尔我晚上需要录音或者写稿，我会跟儿子说："你自己先睡，妈妈要去录个音。"

他会很懂事地说"好"。

等我忙完再去看他，他已经睡着了。

平时我无论去哪里、要做什么，都会跟他交代一声，当孩子明确地知道大人在做什么，也知道这个过程需要多长时间，那他就不会总缠着你，大一点的孩子还会自己安排这段时间。所以，孩子不按你的要求做，不是他不听话，而是你不了解跟孩子说话的这些方法。

如果你想跟孩子正常沟通，不妨试试下面的方法：

蹲下来

这一点，很多爸爸妈妈都不陌生。对于身高差不多只有自己一半的孩子，你对他吼，对他发怒，就完全像在他头顶晴天霹雳一样，而他自己还完全不知道发生了什么。只有当你蹲下来，看着他的眼睛，表情认真地跟他沟通时，他才会知道你是在跟他说话，并且感觉到受尊重。

慢慢说

王先生以前跟孩子讲话，语速非常快，是一个成年人正常讲话的语速，这是不行的。

虽然五六岁的孩子看起来说话已经很溜，但是当大人非常快速地说一件事情的时候，那种感觉就像是你小学刚开始在英语课上学了几个单词，就直接抱着收音机听英国BBC一样。完全是天书啊！孩子怎么可能听懂？所以在跟孩子交流的时候，请尽量放慢语速，慢慢说。

解释一下

有些时候即便你慢慢说，孩子也不一定能听懂。特别是碰到生词、成语的时候，说的时候还要尽量解释一下。不然孩子贸然地学会了一个词，却不知道词的意思，就会乱用。

比如，无意中听到儿子说了"粉身碎骨"这个词，我很奇怪，因为我们在平时阅读的时候并没有遇到过这个词，我就问他从哪里看到的。

他回答我说，是幼儿园老师讲故事时说的。故事说的是爸爸用大手打蚊子，把蚊子打得"粉身碎骨"了。更好笑的是，他还学着老师的样子说："小朋友，这可是个不好的词，不要随便乱用啊！"

其实当孩子说出一些不好的词，甚至是"脏话"的时候，或许他压根不知道这个词是什么意思。但是，当他说出来之后，大人如果表现得很愤怒或者很激动，他就会觉得这个词像炸弹一样杀伤力很大，能够伤害和控制到大人，所以你越是让他不要说，他就越是会说。

如果你能很清楚地跟他解释这个词到底是什么意思，并且告诉他："你这样说我，我会很难过的。"孩子本能地都是不希望父母受到伤害的，所以他一般都会有所收敛。

用短句子

同样的，你一口气说一大串，孩子也很难消化。所以跟孩子说话要尽量用简短的句子慢慢说，他能很快明白你的意思。

直接点

跟孩子说话，不是参加中国诗词大会秀文采，所以不必用那么多华丽的点缀和丰富的句式。比如，到了睡觉时间你想让他睡觉，就直接说"现在你得上床睡觉了"，而不要说"已经这么晚了还不睡觉，再不睡觉明天又起不来怎么办"。

"明天起不来"是"晚上不睡觉"的结果，孩子不会直接想到这个结果，他只要明确知道现在应该要怎么做。

事不过三

都说"重要的事说三遍"，对孩子也一样。不过，再重要的事也只能说三遍。要有底线，说的遍数越多，就越不灵，而且说多了你自己也会控制不住情绪。

比如，我提前跟孩子打好招呼，说第一遍时，我是温柔的妈妈，第二遍是有点温柔的妈妈，第三遍就会变成粗暴的妈妈。想要哪种妈妈，开关就在你自己手上。

听孩子把话说完

6岁以前的孩子掌握的词汇量和修辞手法都比较少，逻辑思维能力也不强。所以他们最习惯的就是想到哪儿说到哪儿。

有个小故事，讲述的是：

妈妈跟孩子说："把你的巧克力糖果给我吃好吗？"孩子听了立刻把所有的巧克力糖纸都剥开，分别在每块巧克力糖果上舔了一口。妈妈看到觉得很心酸，觉得孩子太自私。没想到后来孩子却拿着一块糖对妈妈说："妈妈你吃这块，我尝过了，这块最甜。"妈妈瞬间觉得很感动。

其实孩子的本意一直都是善良的，妈妈心情的起伏只是因为最初她对孩子的行为判断不够客观。所以，大人们在听孩子讲话时，一定要有点耐心，让孩子把话说完。

了解孩子的需求

孩子们说话往往只会很直接地把结果抛出来。比如，"妈妈我不让你走""妈妈我不想去幼儿园"。如果你不问，他不会告诉你为什么。

这时候就需要家长通过自己的观察和分析去了解孩子的内心经历了一个怎样的过程，他的内在到底有什么样的需求。

不过，就拿送孩子去幼儿园这件事来说，通常这个时候家长都要赶着上班，根本不会管孩子到底为什么不想去幼儿园。孩子的哭闹只会让他们气急败坏。我就在幼儿园门口亲眼看到过扇孩子耳光的爸爸。

"打一顿"表面上看是解决了眼前的问题，但其实就是把你通往孩子内心的门关上了。其实孩子的需求一般都很简单，你稍稍细心一点就能发现。

有一天晚上很晚了，我儿子还是翻来覆去睡不着。

我心里想着一会儿还要录音，就对他说："你快点睡吧，妈妈还有工作。"他嘴上答应着，可身体还是很诚实地不睡觉。

"用拉链把嘴巴关起来""数小绵羊""玩一二三不许动的

木头人游戏"……什么方法都用了，可他就是睡不着。

我心里记挂着自己的事，越等越着急，也无暇顾及他的感受。直到我忽然反应过来，对他说："你是不是担心妈妈走了不回来，所以不睡觉啊！"他点点头。我安慰他说："不会的，妈妈就是去录一下音，很快就回来。"

当然他也会跟我讨价还价，要我一边坐在床上陪着他，一边录音。

我跟他说："不行呀，你动来动去有声音，这样就会被录进去了。不过妈妈答应你，肯定不会走。"

过了一会儿，他就睡着了。

不要担心和孩子讲道理讲不通，只要你把你的需求提出来，并且言出必行，孩子其实也是很讲道理的。

不要戏弄孩子

我非常反感大人假装给孩子吃东西，然后又把手缩回来放进自己嘴里的这种行为，因为这就是一种欺骗，还有一种情况就是，大人假装跟孩子要好吃的，孩子给他吃，又推说不吃。这种中国式戏弄其实并不有趣，反而在消耗孩子对我们的信任。

如果家长能够做到，答应了孩子尽量去做，那么在孩子心里，你的信誉度就比较高，说出来的话可信度也就会高。

做孩子的榜样

很多父母，孩子一不听话，他们就会瞬间化身咆哮帝，谁都不愿意无端被呵斥，在这种情况下，孩子自然会调成攻击模式，最后便以大哭一场收尾。

孩子发脾气不听话，大人只会觉得怎么这孩子这么任性，但其实孩子不是生来就那个样子的，他会从身边就近抓一个榜样来模仿，不管是好榜样还是坏榜样。当你看到孩子身上有些你接受不了的坏毛病时，不妨反思一下自己身上是不是也有同样的问题。

孩子只是你的镜子，以及你行为的放大器。

多陪伴

孩子的脑回路是很大的，很容易从这件事飞快地跳到那件事。而且5~6岁的孩子已经不再是你一个人的小宝贝，他已经可以从任何接触到的人和事上学习到新鲜的东西。如果你不陪伴他，可能根本不知道他在说什么。

比如，小朋友常常会说他喜欢看的某部动画片里的故事。如果不陪他看几集，在这个时候你完全跟他聊不起来。除此之外，也可以跟他多聊他的同学和老师。

不要形成正面冲突

要孩子完全不发脾气是不可能的，大人也一样。只是大人学会了控制自己，而孩子的自控能力还不够成熟。所以当孩子跟你发脾气时，你要是也跟着发起火来，能说是孩子一个人的错吗？

比如，儿子有次跟我讲一个单词，我没听懂，让他再说一遍。可是，不知道是不是他的发音不准，一连说了七八遍我还是听不懂。结果他火了，连着拿小手在我的腿上敲了几下。

我跟他说："你这样对我，我很伤心的。现在我决定不跟你玩了。"于是就去了另一个房间。

过了一会儿，他想让我陪他下棋。我说："你这是想跟我和好吗？可是你刚才那样对我，还没向我道歉，还没安慰我呢！"他也很诚恳地对我说："妈妈，对不起。我下次不这样了。"

看到孩子脾气上来了，你想用更强的气压制他，无非嗓门比孩子更大，面目比孩子更狰狞而已。

但五岁、六岁你能压得住，十五岁、十六岁呢？孩子会一天天长大，而你会一天天衰老。

所以，不如像打太极那样，看到孩子的气来了，你顺手一推四两拨千斤，暂时不要与他产生正面冲突就好。

等孩子平复下来，他会意识到自己行为的偏差。同时，孩子也从你的身上学会了生气时应该如何控制情绪。

以上的这些方法说起来都不难，难的是坚持。坚持就会形成一种习惯，习惯带来一种良好的沟通。

也许每一个焦虑愤怒的爸爸妈妈，背后的初衷都是好的。他们希望孩子听话，希望孩子按照自己给出的最安全、最合理的方法去生活，可以避免受到伤害。

可是再好的济世良方，也要能被采纳和吸收才能帮助到别人。孩子不听话，当爸妈的不妨先问问自己，如果别人和你讲道理都是用吼的，你自己会听吗？

聪明的孩子，更容易犯错

01

朋友豌豆妈妈经常提起他们小区有个"聪明"孩子，才30个月，奶奶就已经教他认识了几千个汉字，还能从头到尾背诵《三字经》。没有对比就没有伤害，看着自己家已经两周岁，但还不太会表达的豌豆，豌豆妈心里有点儿小失落。

豌豆妈问，像我们家孩子这样的"小笨鸟"是不是更得先飞才行啊？什么数字、汉字、古诗要不要多让孩子背背？

诚然，早期孩子的语言表达的好坏，认知、记忆能力的高低，是能从某种程度上说明孩子的聪明，但每个孩子的生长发育情况不一样，不必过于纠结某个阶段的暂时落后，毕竟人生是场马拉松，后来居上的例子比比皆是。

所以孩子小时候少认识几个字，真不是什么大不了的事。

孩子被夸"聪明"，父母多少都会沾沾自喜。不过需要注意的是，从小就不停被人夸赞"聪明"的孩子，后期如果没有匹配同等的勤奋和努力，反而更容易成为人生的Loser。

以往父母们总认为"笨鸟"需要先飞，但却忽略了，聪明的孩子大脑发育早，思维活跃，这会使他们更容易犯"别的孩子想不到的"错。

就像一辆性能优越的跑车，出发的时候速度比所有车都快，但如果方向错了，速度越快反而离终点越远。

02

我儿子是属于说话比较早的孩子，词汇量也比同龄的孩子多，所以看起来就比较聪明，也常听到别人夸奖他"聪明"。

但是生活中，恰恰是这些"聪明"会让他经常犯些不大不小的错误：

撒谎

从我儿子自己会刷牙开始，我就给他准备了一只三分钟的沙漏，告诉他每次刷牙的时间都要等沙子全漏完才行。

可每次他只用牙刷在嘴巴里简单捣鼓两下就结束，有一次，他趁我不注意，偷偷把只漏了一点的沙漏翻转过来，少的那端朝上，沙子很快就漏完了，然后跟我说："妈妈，我刷完了。"

因为刷牙这件事他不喜欢做，于是他就开动小脑袋瓜儿，想办法来逃避，变相地就学会了撒谎。

发现孩子撒谎，家长的第一感觉是自己被"愚弄"了，继而对孩子严厉批评。

但是，因孩子撒谎而生气的家长往往忽略了重要的一点——

孩子撒谎是因为他够聪明。

科学研究者也通过研究发现，孩子说谎和较强的逻辑、语言、执行能力高度正相关，也就是说，孩子认知能力越强，越容易撒谎。

孩子撒谎的初衷不是因为他不诚实，是他大脑发育程度较高，可以想出办法来逃避生活中他们不想面对的事。

所以，当家长发现孩子撒谎，先别忙着训斥孩子，而是要找出背后的动机，才能有效地处理问题。

喜欢走捷径，不爱动脑筋

一年暑假我给儿子买了一套锻炼观察力的作业。一开始比较简单，只要找出画中的不同或者相同地方就可以，他能很快地找出正确答案。后来难度渐渐加大，每次他都要仔细比对，尝试个一两次才能找出来。一次他无意中发现，作业本的最后几张竟然是答案，于是他之后每次都会先看了答案再去填。

聪明的孩子，通常不愿意按部就班，他们会不停地想怎样能绕过麻烦，想办法找出捷径。可是走捷径只能爽一时，大脑却会因此越来越懒惰。

畏难情绪严重，不愿意下苦功夫

无论是上钢琴课还是英语课，儿子听一两遍都能记得，老师提问他也能回答出来。

可是下了课，他就不愿意耐心地练琴或者读英语。

他仗着自己的小聪明，课上临时记下了知识点，当时感觉都会了，但两天不复习就全还了回去。

我们每个人都是从学生时代走过来的，所以大家很清楚学习任何知识，仅靠课堂上学到的一点便想牢牢掌握，是不可能的。

所谓"学霸""天才"，无非是把那些看上去简单的事，不断地重复做，不断地反复练习，才能不断地巩固强化。

爱表现，以自我为中心

儿子是那种超级爱说话的小孩，每天除了吃饭睡觉，几乎都在说个不停。而且一定要等他说完后，别人才能说。有时别人才说到一半，他又有想说的话题了。

爱说话固然是聪明、思维活跃的表现，但过分强调自我，不善于倾听别人的孩子，也会惹人讨厌。

抗挫能力差，爱推卸责任找借口

明明是自己主观上犯了错误，但喜欢从客观上找理由，不愿意承担责任。因为聪明的孩子，从小就被别人夸奖"聪明"，所以一直以此自居，对自己的期望值也很高。如果真的遇到什么困难，反而不敢去面对，因为害怕失败，害怕被别人嘲笑。比如，字写歪了，会说是笔不好、本子放歪了等；读英语的时候，会的就读得很大声，看到不认识的单词就想放弃，不愿意读。

说了这么多，并不是想否定那些聪明的孩子。孩子聪明是一件好事，关键是父母怎样引导。

以前经常听到有家长，特别是爷爷奶奶辈的家长说"我们家孩子聪明是很聪明的，主要是心思没放在学习上"，其实，聪明的孩子如果心思放错地方，比不够聪明的孩子更糟。因为不够聪明的孩子只会自己玩，但聪明的孩子会想出各种方法来捣蛋。

03

如果家里有个聪明伶俐的小人儿，家长又该怎样引导呢？

不要刻意夸奖孩子聪明

可以通过"鼓励"的方式来表达对孩子的称赞。

鼓励，是一个过程，是向孩子表明"你足够好"。鼓励，能让孩子知道自己做的事与自己是什么样的人是两回事。鼓励，能让孩子知道父母会永远不带任何条件地重视自己。

通过鼓励，能让孩子明白，"犯错误只是学习和成长的机会，而不是应该感到羞耻的事情"，受到鼓励的孩子，会自爱并能找到归属感。

肯定孩子的努力，而非成绩

孩子考了高分，有些家长喜欢用昂贵的礼物或者夸张的赞扬"你是最棒的"之类的表达对孩子的赞赏，其实这样会让孩子产生错觉，让孩子习惯依赖于他人的外在评判，而不是相信自己的内在智慧和自我评价。他们会觉得："只有别人说我好，我才算好。"这样的孩子会特别在意他人的看法，而丧失自我的判断。

孩子考了好成绩，爸爸妈妈不妨这样说："这段时间你学习真的很努力，完全值得这个100分。"或者"这次得了100分，你一定感觉很自豪！爸爸妈妈也很为你自豪！"

聪明的孩子，更需要鼓励

《来自孩子的挑战》一书的作者，美国儿童心理学家、精神病医生和教育家鲁道夫·德雷克斯说过："孩子们需要鼓励，就像植物需要水。"

聪明的孩子，平时可能是个调皮捣蛋的孩子，比起乖巧的孩子，其实他们更需要父母的鼓励。

"我相信你能处理这件事。"

"我相信你能想出解决这个问题的办法。"

"无论怎样，我都爱你。"

······

聪明的孩子更需要父母说这些话来鼓励自己，因为他们能分辨父母说这些话的用意，并通过父母的引导找到解决问题的办法。

世界上天才儿童的比例绝对只占少数，所以大多数孩子幼年的智力水平高低，不能代表永远。只有那些了解孩子、善于引导孩子的父母，才能帮助孩子充分地发挥自己的聪明才智，收获属于自己的人生体验。

孩子犯错不可怕，
你对孩子发火才可怕

生活中经常会遇到为孩子调皮捣蛋而苦恼的父母，比如小S。

她最近被培训班老师请到办公室，是因为她儿子下课时一个人偷偷溜到老师办公室，把所有老师的备用鞋都藏了起来。

老师们下课后找不到鞋子急坏了，最后调出了监控录像才找到了鞋子。这件事让儿子在培训中心"声名远播"，小S气得想回家把儿子收拾一顿。

诚然，相对于乖巧懂事的孩子，那些冒失莽撞、小错不断的孩子真的不太招人待见。

可是孩子犯了错就意味着孩子坏吗？并不是。从某种意义上来说，孩子犯错不但不是坏事，还是一件好事。

孩子小的时候，心灵像一个空白的录像带，需要对所有的情绪都做一次预演，这种预演都要通过试错来完成，并留下适当的印痕。今后在孩子的成长过程中，这些印痕是可以利用的资源。

这就类似于人体免疫系统的形成，1~3岁是一个最佳的时期，过了这个时期，要形成有效的免疫，肌体就要付出更大的代价。

犯错不仅是孩子的心理免疫，还是孩子的心理需要。孩子小时候通过犯一些错误来感知与外界他人的关系，从而获得对错的"免疫"。

比如，孩子在2~5岁时，许多负面性的情绪：愤怒、对抗、残忍、嫉妒、仇恨都要有适当的表达，并从中获取管理这些情绪的经验。这就好像，父母担心孩子蛀牙就完全不给孩子吃糖，孩子没有获得吃糖的体验，不知道是苦是甜，等到长大后一有机会就拼命吃糖。这是一种弥补性的强迫行为。很多情绪，就像糖，好或者不好，要孩子自己体验过了才有更深刻的判断。

父母要让孩子在合适的年龄犯合适的错。如果孩子小的时候，该犯的错没有机会去犯，到了不该犯错的时候，却用幼稚的行为去为自己"补课"，那真是有些得不偿失。

曾经看过一个案例，讲的是一个从小家教十分严格的孩子，一直品学兼优，一路考上了很好的大学，毕业回来之后也找到了很好的工作，本来人生应该一帆风顺，然而在他人生最得意的时候却被捕了。

原来在高三的时候，因为压力实在太大，有天晚上，孩子不想上晚自习就从学校溜了出来。不敢回家，想去网吧身上又没钱，这时他看见路边有座房子亮着灯，本来只是想去偷点钱上网，不想被女主人发现了，因为害怕她喊叫把人引来，让爸爸知道他犯了错，一时情急竟然杀死了女主人。

我们的生活中也有不少类似的事件，那些小错误不犯的人，常常犯大错误，究其原因竟是没有犯错的经验。所以，当孩子犯错时，家长们如果能认知到，"犯错是孩子的权利，也是孩子成长的资源"。那么对待孩子的态度也会缓和许多。

02

每一个成年人都可以闭上眼睛想一想，小时候犯了错误，从父母和老师那里得到的信息是怎样的？

"这么简单的题怎么又错了，你是不是笨蛋啊！"

"你这个废物！"

"我怎么生了你这么个蠢东西？"

"你这样的孩子长大了肯定没出息！"

……

这样的话是不是都很熟悉。

当时的你又是怎么想的呢？

是感觉自己的一辈子就要完蛋了，这个世界上没有一个人能理解我，还是难过为什么最亲最爱的人竟然这样伤害我？

其实每个人都或多或少有过类似的体验。因为害怕被否定，害怕令父母老师失望，所以面对错误时，有的孩子选择了逃避，有的孩子选择了掩盖。

这种"犯了错，想方设法不让人发现，如果被人发现了，就要编个借口"的情况，被称为"疯狂的错误观"。因为这不仅损害自尊，还会让人消沉和沮丧。而当人感到沮丧时，就很难学习和成长。

小时候选择逃避错误的孩子，长大了会害怕承担责任，性格也会变得懦弱和退缩。而选择掩盖错误的孩子，一开始，说谎是出于保护的本能，而次数多了就会形成习惯，不自觉地说谎。

所以真正对孩子有影响的，不是他犯了什么错误，而是他犯错时，父母对他的态度。

美国有一个80岁的网红法官爷爷Frank Caprio，他对待那些"犯错"孩子的处理方法，值得我们学习。比如，一个从北美偷渡来的孩子，因为没有接受过教育，成了街头打架斗殴偷东西的小混混，但法官爷爷在审理案件的时候问他，你是想就这样过一生，还是也有梦想要实现。在法官爷爷的帮助下，那个孩子重新思考了人生，决定洗心革面。三十多年后，那个孩子成为一名卡车司机，有了自己的孩子和幸福的家庭，过上了和当初完全不一样的人生。

03

孩子总免不了犯错，身为父母，我们应该多了解一些正确的处理方法。

耐心了解事情的经过

泰国有一则广告，讲述的是，妈妈去学校接孩子，发现孩子满身是泥。

妈妈的第一反应都是孩子不懂事，不体谅妈妈辛苦，忍不住对犯了错的孩子发脾气。但后来她发现孩子是因为帮助别人才把自己弄脏之后，她十分感动，觉得孩子懂事又善良，心情瞬间变好了。

所以有时孩子犯错，是因为自己天性善良。父母要通过错误的表现，耐心地了解孩子行为背后的原因和想法。

安抚孩子的情绪，诚心接纳孩子的错误

绘本故事《大卫不可以》系列，讲述的就是一个爱惹是生非的小男孩大卫，每一次都给妈妈惹麻烦，妈妈每一次都厉声对他说"不可以"。但是每一次制止了大卫的错误行为后，妈妈都会及时给大卫安慰，给他爱的"抱抱"。

只有和孩子建立起情感纽带，孩子犯错后才会更容易接受父母的批评和教导。

帮助孩子弥补错误

任何人都会犯错误，但一个有安全感的孩子会勇敢地说："我错了，对不起。"所以父母要让孩子知道，犯了错误需要承认错误，诚恳道歉，还要尽可能去弥补，如何对待错误比是否犯了错误更加重要？

简·尼尔森在《正面管教》一书中指出，如果一个孩子愿意弥补自己的过错，矫正错误的三个"R"，可以帮助他们这么做。

"承认（Recognize）错误，带着一种责任感而不是责备他人。和好（Reconcile），你向冒犯或伤害的人道歉。解决

（Resolve）问题，如果　能，共同想出一个解决方案。"

即，孩子犯错时可　通过"我错了（承认错误）—对不起（和好）—我们一起解决　题吧（解决）"三个步骤来帮助孩子在犯错后弥补错误。

04

当孩子犯了错，与其大　大叫地责骂惩罚孩子，不如告诉他，每个人都会犯错误，犯　不是无能的表现，而是学习的机会。

这就好像，那些上课举手发言　孩子，即使他们的答案并不正确，老师也会很喜欢他们。

因为，举手发言代表他们在听讲、在思考，并且积极地与老师互动，即使说错了老师也能知道问题出在了哪里，才能纠正，同时这也为同班其他的孩子提供了一次纠错的机会。

在这方面诺贝尔医学奖获得者史蒂芬·葛雷妈妈的教育方法，可谓是经典案例。

史蒂芬小时候，有一次想自己在冰箱里拿一瓶牛奶，可是瓶子太滑了，没抓牢，瓶子掉在了地上，牛奶溅得满地都是。

他妈妈看见了，并没有批评惩罚，只是说："哇！你制造的麻烦可真是棒极了！我还从来没有见过这么大的一汪牛奶呢！哎，反正奶瓶已经摔碎了，那么在我们把它打扫干净之前，你想不想在牛奶中玩几分钟呢？"

史蒂芬听妈妈这样说，高兴极了，立刻就在牛奶中玩起来。

几分钟后，妈妈对他说："你知道，今后无论什么时候，你都必须要把它打扫干净，并且要把每件东西按原样放好。那么你打算怎么收拾呢？我们可以用海绵、毛巾或者是拖把来打扫。你想用哪一种呢？"

史蒂芬选择了海绵，和妈妈一起把那满地的牛奶打扫干净了。

这还没完，等他们打扫完之后，史蒂芬妈妈说："刚才，你所做的用你的两只小手拿起大牛奶瓶子的试验已经失败了。现在我们到后院去，把瓶子装满水，看看你有没有办法把它拿起来，而不让它掉下去。"

经过实验，史蒂芬很快就发现只要用双手抓住顶部、靠近瓶嘴的地方，瓶子就不会从手里滑掉了！

从那以后，史蒂芬知道他不必再害怕犯任何错误了。因为错误往往是学习新知识的良机。科学实验也是这样，即使实验失败了，还是可以从中学到很多东西。

如果所有的孩子都能像史蒂芬一样，知道"即使是自己犯了错误，也不意味着自己坏或者会因此陷入麻烦"，他们就会愿意为自己做的事情承担起责任。

同样，如果父母让孩子把每一次犯错都当成一个学习的机会，引导孩子从错误中吸取教训，收获成功的经验，那么无论是心理上、情感上，还是知识的获取上，孩子获得的收益都要比那种犯了错就被爸妈打一顿的孩子，要多得多。

所以，孩子犯错并不可怕，犯错之后家长不当的管教方法才可怕。

不哭不闹，也能跟孩子分房睡

01

和孩子分房睡是每个家庭都必须经历的过程，只不过有的来得早，有的来得晚。到底在什么时候应该和孩子分床或者分房，每对父母的心里都有不同的标准。

明星马伊琍发布过一条微博，其中反思了自己没有给孩子充分的情感回应，她说：

"哪怕自己睡着了也会半夜醒来把她抱回小床，摸着小手隔栏而卧，只有在她生病时才彻夜让她睡在大床，以便随时掌握她的体温。现在回想究竟在怕什么？怕她跟我们睡一张床就太依赖？怕这种依赖会破坏了孩子长大后的独立？"

最后她觉得"越是从婴儿时期就得到充分情感回应的孩子，长大才会有安全感，才真正独立"，作为妈妈，马伊琍的心情不难理解。

之前看到过一个孩子分房睡的案例，印象十分深刻：

父母为了跟3岁的孩子分房睡，狠心地将孩子关在房门外，任由孩子哭闹。第二天早上起来一看，发现孩子满面泪痕地抱着小被子和小枕头睡在父母的房门外。

这一幕实在令人揪心，房也许是分了，感情仿佛也一下子切断了。孩子在这一夜中，承受了多少恐惧和心理伤害也难以估量。

02

我们家现在也正处于分房睡的阶段。

我不想用那种让孩子撕心裂肺的方式分房睡，小小年纪就要体验"叫天天不应，叫地地不灵"的无助。我希望能够找到一种让孩子的身体和心灵不受伤，或少受伤的分房睡方式。可是越是深入阅读和了解，便越发现，即便是专家，对于孩子几岁应该分房睡的问题，也没有统一标准。

美国正面管教创始人简·尼尔森认为，孩子到3个月大的时候就可以睡一整夜，所以提倡父母不要剥夺孩子寻求自我安慰的能力。

正面管教体系给出的分房睡建议是，出生之后就让孩子独立睡小床，不过可以跟父母同一房间。这样，孩子一出生就能明确自己独自睡觉的地方，即便是孩子在半夜醒来，也可以通过自己的方式安抚自己，再度入睡。而父母也可以拥有高质量的睡眠，来确保第二天可以精力充沛地照顾孩子。这样为将来的分房睡打下了良好的基础，分开就不会太痛苦。

中国儿童性心理发展与性教育专家胡萍老师所撰写的《善解童贞1》一书中，提出：

孩子在一岁半左右就开始发展自己独立自主的意识，这是儿童在心理上离开父母，寻求独立的内在需求，成年人需要做的就是顺着这个发展规律，给孩子提供独立性发展的具体条件。

两岁后孩子可以尝试与父母分房间睡觉，如果父母有顾虑，在孩子4岁之前要分房间睡觉，孩子越大，分房睡越困难。

而北师大教授、儿童教育专家钱志亮则认为，顺产的孩子可以在幼儿园中班时开始考虑分房睡，等到上小学之前分彻底就可以。

而剖腹产的孩子，因为在出生时要人为地将孩子迅速地剥离妈妈子宫，否则孩子可能就会将羊水吸入肺中，造成生命危险，所以这种快速的剥离过程，给孩子造成了过度惊吓。

这种惊吓使得孩子肾上腺素的分泌，达到心脏病人发病的30倍，并且这种惊吓将持续生命的第一周期。

所以剖腹产的孩子，在睡觉的时候总爱趴着睡，裹被子，夜里哭闹，还喜欢靠着妈妈，抓着妈妈的手，这都属于剖腹产惊吓综合征。

钱志亮教授建议分房睡的时间是，剖腹产的女孩7周岁，男孩8周岁才开始讨论分房，10周岁分干净。

并且，钱志亮教授特别强调，要跟妈妈一个床一个被窝。否则，孩子的安全感就会比较差。

安全感差的人，长大了会拒绝跟别人深层次的沟通，任何人都难以走进他的内心。

看到这里，估计很多爸爸妈妈自己已经先凌乱了。

"每个专家说的看起来都好有道理，那孩子到底什么时候分房睡，才好呢？"

03

国内外专家给出的分房睡建议，都是根据自己的经验或研究得出的结论，有道理，但也不绝对。

生活场景和观察对象的不同，得出不同的结论也很正常。

特别是正面管教体系起源发展的环境跟我们国内有着很大的不同，所以专家们建议分房睡的时间，不一定就完全适合你。

自己的孩子还是父母自己最了解，每个家庭可以根据孩子的实际情况，循序渐进地与孩子分房。

我自己的主张是，孩子在4~5岁开始可以尝试分房睡，在小学低年级阶段和父母彻底完成分房。

因为这个时候，孩子已经有完备的独立自主意识，也需要自我的空间，即便他们有情绪，不愿意分，也能很好地沟通，理解你说话的意思。这时候分房，孩子的痛苦会相对小一些。

我儿子是剖腹产的，正如钱志亮教授说的，他也有爱趴着睡、裹被子、夜里哭闹、爱抓着大人睡等剖腹产惊吓综合征。

现在他有自己的房间，我们房间里的小床也没撤掉，所以他可以选择睡觉的地点，但不管在哪里睡，都要自己睡一张床。

他知道自己已经长大了，需要一个人睡，但同时又很担心，怕妖怪会从黑暗中冲出来抓他。

绘本故事书《你睡不着吗？》我和他一起反复地读了无数遍。他也像书里的那只小小熊一样，明明已经把灯王拿出来，照亮了整个房间，却还是睡不着，想有人陪着他。

每天晚上睡前，我都会给他打开床头灯，放好他心爱的玩具，给他讲故事，但他还是会说："妈妈你陪我到我睡着的时候再走吧。"

第二天早上，他多半还是会在半夜找不到我们的时候，爬到我们房间的小床上来。因为看到我们，他才会更加安心。

04

跟孩子分房睡，是一个需要耐心的过程，你能为孩子多考虑一点，孩子就会少痛苦一点。如果你已经决定要跟孩子分房睡了，那么建议要做好以下准备：

确保孩子已经有一定的自理能力

比如，夜里自己起来上厕所的能力。有的孩子会因为害怕，不敢半夜起来上厕所，最后就尿床了。

还有的孩子，因为洗手间离房间太远，或者自己还不会穿脱裤子，所以半夜起来很不方便，而选择憋小便。父母在跟孩子分房睡之前，一定要考虑到这些细节。

在房间里准备水杯、纸巾等必备用品，以备孩子不时之需。

保护孩子的安全感

特别在刚开始分房睡的时候，一定要小心翼翼地保护孩子的安全感。

儿子自己睡觉的时候，我会把房门开着，告诉他，我就在隔壁房间，如果害怕可以来找我。

孩子只有经历了"分房间独立睡觉后，这个世界依然是安全的，爸爸妈妈对我的爱没有改变"这个过程，才能建立起分房间睡觉的安全感。

尊重孩子怕黑怕鬼的感觉

孩子独自睡在黑漆漆的房间，面对着他们自己一无所知的黑夜，怕黑怕鬼是非常正常的。不要因此嘲笑他们，更不要说"男孩子，怎么还怕这个，要勇敢"之类的话。这样会加深他们对黑夜的恐惧，并且认为自己害怕的感觉不正常。

如果这种恐惧已经造成了你和孩子的困扰，可以引导他们将害怕的鬼或者幽灵画出来，然后与孩子一起找出这个幽灵的弱点，用"武器"将这个幽灵消灭。

将无形的恐惧，变成有形的游戏，也是消除孩子恐惧的有效方法。

提前培养孩子的独立意识

孩子的房间、床，以及他的每一件私人物品，都是孩子小小的"统治"管辖范围。通过这些具体的事物，让孩子能感受到"自我"的存在。

还没有分房睡的孩子，可以提前为他们布置独立的房间和独立的床，这能让幼小的孩子认识到自己在这个世界上有独立的"位置"，是儿童自我界限成长的根基，并在这样的自我认知中，逐渐获得归属感和安全感。

如果已经跟孩子分房,那进出房间就要征得孩子同意,并表达自己希望他能邀请自己去他房间做客的意愿。

父母要处理好自己对孩子的依恋

孩子不愿意跟父母分房,是出于他们对父母的依恋。但很多父母迟迟无法与孩子分房睡,很重要的一个原因是,父母也会有恋子情结。

比如,我儿子第一天独自在他的房间睡觉的时候,我一直熬到凌晨一点多,不敢睡,动不动就想去看看他,担心他如果突然醒来,看不到我们怎么办。

在一些跟孩子分房睡的案例中,还有很多这样的例子:

父母要上班,孩子年幼时就在祖父母身边长大,等到上了幼儿园才接回到身边。这个时候,父母会对孩子产生一种补偿心理,觉得陪孩子睡觉,能弥补对孩子陪伴的缺失。

但是孩子的成长是不可逆的,错过了就是永远。

还有一些妈妈,因为跟丈夫的关系不太好,对孩子就更加依恋了,迟迟不愿意和孩子分房睡,这对孩子的心理发展有极大的负面影响。

孩子的安全感是在醒着的时候建立的,不是睡着了之后建立的,无论父母与孩子睡在一起多长时间,都不能够帮助孩子建立安全感。所以,想要和孩子构建良好的亲子关系,不是靠陪孩子睡觉来实现的,而是要不断地让孩子感觉到你们的信任、尊重、支持,要做到这一切需要更多的学习和成长。

跟孩子分房睡，绝不是一蹴而就的事，也不是把孩子关在门外几个晚上就能万事大吉的。

分房睡的过程也许会漫长一些，但爸妈如果能不怕麻烦，保持耐心和理解，总有一天孩子会度过这个阶段。

别紧张，游戏不是猛虎怪兽

01

近年来，由于现代电子产品的普及，孩子接触网络游戏的年纪也越来越小。

有趣的情节，鲜艳的色彩，动态的画面，孩子年龄越小，就越容易对这些游戏上瘾。

就算爸妈平时严防死守不让孩子玩，孩子上了瘾也会自己偷偷玩。看着孩子把时间都花在玩游戏上，父母肯定是又着急又无奈。

我的朋友中就有一位妈妈为了游戏的问题常年跟儿子斗智斗勇。为了不让儿子玩游戏，妈妈拔网线、藏鼠标、没收路由器、给电脑设密码……什么方法都用过，但都不见效。

这种由孩子玩游戏引出的家庭矛盾，不单是一个家庭，随便一搜，网上也充斥着"不给孩子玩游戏，孩子就要自杀"的新闻。

02

孩子玩游戏，站在父母的立场，第一反应肯定是禁止，但也有些父母比较心宽，觉得只要不影响学习，孩子玩玩游戏也没关系。

经过调查，父母对于孩子玩游戏的态度基本可以分为"绝对禁止""敞开了玩""偶尔玩玩"三种代表类型。

绝对禁止，不可行

想让孩子绝对不玩游戏，几乎是不可能的，因为现在孩子接触到游戏的成本太低、渠道太多了：手机可以玩、电脑可以玩、平板可以玩、电视可以玩，甚至爸爸妈妈为了帮助孩子学习而买的学习机也可以玩。

父母看得了一时，一旦离开了父母的控制范围，平时拼命压抑的孩子会更加放纵地玩，反而更加不可收拾。

敞开了玩，不可取

也有人说，孩子玩游戏就像吃糖，图的是刺激新鲜。因为他们永远不知道下一颗糖果是什么味道，所以你越不让他们吃，他们就越想吃。

倒不如平时就把各种各样的糖摆在他们眼前，他们想吃就吃，孩子知道是什么滋味了，过一阵子就没有新鲜感了。玩游戏的问题其实也一样，既然没办法绝对禁止，倒不如让孩子敞开了玩。等孩子玩腻了，自然就不想玩了。

那么，是不是无法绝对禁止孩子玩游戏，就真的可以让孩子敞开玩呢？

成年人对于游戏尚且会上瘾，何况是没有自控能力的孩子？让孩子敞开玩游戏，是家长图省事，不负责任的心理。

第一，相对于书本和电视，游戏的互动性更强，画面色彩更炫丽，几乎没有孩子不被吸引的。

第二，孩子的三观尚没有建立，无法甄别现实世界和游戏世界的区别，很容易混为一谈，影响孩子的认知。

第三，游戏是个庞大的产业，设计的初衷就是吸引别人来玩，即便是一个游戏玩腻了，还有别的游戏，孩子在没有控制能力的时候陷进去，就永远没办法走出来。

第四，长期没有节制地玩游戏，既不利于孩子心智发展，也不利于孩子的身体健康。

偶尔玩玩，要定规矩

既然游戏不能绝对禁止，也不能敞开玩，那偶尔玩玩总可以吧。在相关的调查报告中，有58%的家长选择会偶尔给孩子玩玩游戏。

03

偶尔玩是可以，但到底怎么个"偶尔"法，也是需要家长思考的。

制定规则，全家统一标准

每个月或每周玩几次，一次玩几局或几分钟，这个在玩游戏前就要跟孩子定好规则。

孩子是很聪明的，他很清楚如果在爸爸妈妈这关过不去，可以从爷爷奶奶、外公外婆那里找突破口，所以规则制定好了之后，全家要统一标准。

玩的时候，家长要陪在身边

游戏可以玩，但玩什么，需要家长对游戏的类型进行挑选。小一点的孩子，还要家长陪同一起玩，尽量挑选没有血腥暴力的游戏。

陪孩子一起玩游戏，我们可以知道他在玩什么，兴趣点在什么方面，而且也增加了跟孩子之间的话题交流。

多花时间陪伴孩子，减少孩子对游戏的依赖

相比于玩游戏，其实孩子还是更喜欢"玩"你。他们喜欢跟你说话，从你的反应中得出对自我价值的认同。

所以父母平时要多陪伴孩子，多带孩子出去玩，孩子"忙"起来了，自然就不会想到玩游戏了。

不要把游戏当作奖励

孩子为了玩游戏是什么事都愿意做的，所以千万不能有那种

"你今天表现好，我就让你玩游戏"的想法。

孩子遵守基本的行为规范是必须的，想玩游戏也是出于本能，一旦这两者挂了钩，他就会用"表现好"来要求你让他玩游戏。一旦形成恶性循环，孩子会更难管教。要明确地告诉孩子，游戏可以玩，但必须按规则来。

自己先做个好榜样

文章开头提到的那位妈妈，她的先生常年在外地，儿子上学后她一个人在家无聊，也是一有空就打开电脑玩游戏。所以自己都在玩游戏，却想让孩子不玩，根本没有说服力。

父母自己不成长、不学习，却想要让孩子变成五好青年，这种可能性实在太小了。

04

父母在看到孩子沉迷于电子游戏时，总会有一股"恨铁不成钢"的悲哀。他们常常会说："如果你能把玩游戏的劲头用一半到学习上，我们就不操心了。"

其实孩子玩游戏也不全是坏事，父母大可不必太过忧心忡忡。

美国《国家科学院院刊》曾经有一篇研究文章说，如果一款游戏能改善6岁儿童认知过程，那么这样的游戏也同样能改善他们的学习成绩。

儿童的执行功能，例如记忆、规划和认知控制等，对于目标的认知过程是能够被加以训练的。

阿根廷布宜诺斯艾利斯大学整合神经科学实验室做了一系列"计算机游戏产生的影响是否能转移到现实生活中"的实验。

研究人员分析了在10周里玩一组适应性计算机游戏，如何影响布宜诺斯艾利斯两所公立学校的111名社会经济状态低的一年级学生的学业成绩。

研究结果证明，这些游戏能改善儿童执行功能的某些方面，而且这些改善直接提升了儿童的数学成绩。

对于这项实验的结果，我自己也有类似的体验。

之前我儿子胳膊骨折，在家休息期间偶然玩起了植物大战僵尸的游戏，接着就像着了魔一样，天天要玩。每天都要为玩游戏哭闹好几回。

开始我也很头疼，但渐渐地，我被他那种"给玩的时候抓紧一切机会玩，不给玩的时候创造一切条件玩"的坚韧精神打动了。我觉得，他玩游戏的这股百折不挠的精神，如果稍微引导一下，可能会有意想不到的收获，所以我就因势利导，结合游戏玩起了"家教"。

趁机提高词汇量

每次规定好只能玩两局，所以在结束后，他总要恋恋不舍地把每一种植物，每一个僵尸的名字和介绍都看一遍。

下次，他再看到相同的生字，就会很容易读出来，比如，太阳花的"花"、撑杆僵尸的"杆"等。所以不用教，他默默地就记下了很多生字。

锻炼记忆力

在不能玩游戏的时间，但又特别想玩的话，他会根据自己的记忆在画板上画出游戏的场景，比如植物应该在什么位置，僵尸又在什么位置。

培养数学能力

玩游戏的时候先让他观察，一个普通僵尸要挨几颗豌豆才会被消灭。或者要收集多少太阳才能种一棵太阳花。

下次他在种植物的时候，可以根据上述的结论选择种下植物的距离，或者问他已经有多少太阳了，可以种哪几种植物等。

锻炼模仿能力和观察能力

哪怕在外面玩，他心里也会时常想着游戏，这时他就会让我跟他对面而立，轮流扮演僵尸和植物。看他歪着脑袋，内八字腿一晃一晃走过来的时候，还真的像模像样，我会扮演各种厉害的植物来"对付"他。

用手机玩游戏时受到电子设备和场地的限制，但那种"你比我猜"的游戏就可以随时玩。比如，他面带微笑、摇头晃脑让我猜是什么植物的时候，我说"这肯定是太阳花啊"。他觉得我好聪明，然后立刻要扮演一个更厉害的植物让我猜。

线上游戏就这样变成了线下亲子游戏，我们都很乐在其中。

开拓思维动手动脑

特别想做一件事但不能做，肯定百爪挠心，所以他在不能玩游戏的时候，充分发挥了他的"聪明才智"，用"毕生所学"做了一套僵尸牌跟我玩。用这套牌，我跟他几乎玩了一个寒假。

跟成年人离不开手机一样，孩子痴迷于电子游戏这本来就是天性，何况现在大学都开设电竞专业了，谁还能说玩游戏就是不务正业呢？

所以说孩子玩游戏本身并不可怕，家长只需要见招拆招，想一些方法来引导。

看到孩子玩游戏，家长也不要一味责怪，而是要抱着同理心，从游戏中发现孩子的特质，并引导孩子了解他自己真正的兴趣。

孩子真的特别爱玩游戏也没关系，就让他们努力成为职业选手，或者开发出属于自己的游戏啊。像《微微一笑很倾城》这样被大家熟知的影视作品中，男女主角的背景不都是玩游戏的高手吗？

只要游戏玩得好，孩子的人生也能像开了挂一样，爱情事业双丰收！

会做家务，是孩子一生的加分项

01

网络上曾经有一则关于番茄炒蛋的视频广告让我印象深刻，故事描述了儿子留学美国跟新朋友聚会，想做一道番茄炒蛋来博取好印象。

但儿子吃了那么多年妈妈做的饭，轮到自己动手时，却被番茄炒蛋应该先放鸡蛋还是先放番茄难住了。无奈之下儿子向远在中国的父母求助，彼时中国的时间是凌晨4点半，爸爸妈妈怕电话里说不清楚，立刻起床，通过视频为儿子直播了一遍番茄炒蛋的做法。儿子凭借父母的帮助，博得了新朋友们的好感，亦收获了人生的感动。

这则视频中父母对孩子的深情戳中了大家的泪点，但感动之余也有人说，连番茄炒蛋都不会，就不要去留学了。

话虽直白，却不无道理。

孩子不会做家务，不能照顾自己，即便成绩再好，也是父母教育的缺失。

02

到国外留学的大学生还不会做番茄炒蛋，那么小学一年级的孩子不会剥虾也就见怪不怪了。

2017年9月初，《钱江晚报》有个报道，说宁波市新城第一实验学校做了个测试，为400多名一年级的孩子提供大虾当午餐。结果有一半以上的孩子不会剥虾。但对于这个结果，校长还说："别为难他们了。这个结果，我已经很满意了。"因为他在2015年刚调任到这所学校时，发现几乎所有的孩子都不会剥虾，会剥虾的孩子大概是个位数。

虾肉有营养谁都知道，但是平时在家都是父母把虾剥好了放进孩子碗里，离开了父母，孩子竟然连口虾也吃不上，想想都觉得难过。

不过这也不能完全怪孩子，因为即便是大力提倡素质教育的当下，父母们关心最多的还是孩子考了多少分，得了第几名，很少有人关心孩子会不会做家务，能不能自己照顾自己。

想来，小学一年级的孩子，至少应该6~7岁，让他们自己剥虾自己吃饭，算是为难吗？

当然不算！

日本有位叫千惠的妈妈，在女儿阿花4岁的时候，便教她学做饭。不是煮泡面这种简单的操作，而是像一个真正的主妇那样"做饭"。包括食材的选择、清洗、腌制、搭配，也包括教会一个4岁的小朋友用刀切、用火煮的整个烹饪过程。

虽然千惠自己也说，"第一次看阿花用刀的样子，相当吓人"，但她还是忍住没出声，也没伸手。

妈妈千惠之所以这样做，是因为她得了癌症，知道自己时日无多，所以她觉得：

"学习可以放在第二位，而会做饭就意味着能活下去，只要身体健康，能够自食其力，将来无论走到哪里、做什么，都能活下去。"

这个故事或许让人有点心酸，然而，就算是身体健康的父母，又能陪伴孩子多少年呢？当十几二十岁的孩子在外求学或者独自在外生活的时候，父母也不可能时刻跟在他们身边。照顾得了一时，照顾不了一辈子，孩子还有漫长的路需要一个人去面对。

可是环顾身边，多少孩子还在过着衣来伸手、饭来张口的生活，只要孩子学习好，多少父母心甘情愿地扮演着照顾者的角色。

正是类似这些"孩子还小，不要要求太高""自己能做就做，不能做再让孩子做"的想法，毁掉了孩子最基本的生活能力。

03

孩子还那么小，有必要那么早就让他们学做家务吗？

当然有必要。

根据日本研究少年罪犯专家给出的数据，现在很多犯罪的青少年都是在小时候就没有养成良好的生活习惯，比如从不干家务。

孩子的天赋各有不同，但只要活着就需要每天面对衣食住行的现实生活。父母能够给予孩子的最好教育，其实就是让孩子变得独立，可以独当一面。那么提前做好父母离开孩子的准备，教会孩子做家务，能够自己照顾自己，即便是在普通家庭，也很有必要。

做家务就是给孩子最好的早教

现在市面上有五花八门的早教班，名目繁多且价格不菲。其实想要让孩子在适当的月龄里获得相应的训练，在家也可以做到，那就是——做家务。

因为孩子做任何一项家务都可以收获包括丰富的感官体验、训练语言表达、培养秩序感、提高专注力、锻炼身体等各方面的益处。

以做饭为例：

孩子可以接触到不同材质的餐具：陶瓷的、玻璃的、铁制的或木头的，除了可以用眼睛看到它们的外观、形状、颜色之外，还可以摸到质地。在加工食材的过程，看到食物颜色的变化，听得到声音，摸得到重量……这一系列的过程就足以让孩子拥有许多感官经验的输入。

孩子真实地接触到了青菜、鸡蛋、西红柿这些词汇，对它们也会有更深入的认识。小孩子的语言最重要的基础，来源于生活的经验，感官的体验。

所以在这个过程中，爸爸妈妈还可以跟孩子聊天，教给孩子每种食物里的营养成分，这些都是孩子知识的积累过程。

再比如，教孩子洗衣服，得有一定的顺序，要先泡衣服、搓泡泡、漂干净、拧干、晾起来……

孩子学会了这个过程，可以通过自己的体验理解家务劳动中空间的秩序和时间的顺序。

这些光用嘴巴告诉孩子是没有用的，要让孩子通过不断地练习慢慢内化。

想要完成一项家务，必须在某一段时间内集中注意力，手脑并用，这也就促成了孩子专注力的发展。

除此之外，孩子1岁左右就可以教他做扣纽扣、系鞋带的工作，训练孩子的身心合一。

从开始的肢体粗大动作训练到后来的精细动作，再到手眼协调，家务几乎可以完成你对早教所有的需求。

如果是需要搬运重物（要注意是孩子能承受的重量）的家务，还能让孩子进行力量训练，增强肌肉能力和手部控制能力。

做家务能强化孩子内在归属感和安全感

孩子作为一个完整家庭的家庭成员之一，自然也会想为家庭尽力，想要做一个对家庭"有用"的人。

当孩子帮忙做了家务之后，妈妈可以多说一句，"实在太感谢了，多亏你的帮忙"这样的话，会让孩子觉得特别满足，也能促进亲密的亲子关系的发展。

孩子会觉得爸爸妈妈需要我，我能为家里干活了，我是小大人了，进而产生强烈的存在感，并且对自己产生强大的自信心。所以，奖励孩子做家务最好的方式不是给他钱，而是及时地向孩子表达感谢。

通过做家务并获得称赞的方式，孩子能对自我价值产生准确的评估，以此来获得在家庭中的归属感以及生活的安全感。

另外，做家务还能发展孩子助人为乐的美德，换句话说，如果孩子能从小就懂得，家庭中的每个人都要为了这个家庭做贡献，这能教会他们如何在将来的社会生活中获取自我价值，发展人际关系。

即便将来孩子身处不同的文化氛围之中，也能很快地通过家务同当地的文化、习俗进行连接，提高适应能力。

家务能磨炼孩子的意志，培养责任感

干一天家务不难，难的是日复一日的坚持，养成习惯。所以每天鼓励孩子，坚持完成自己应该完成的家务，其实就是在培养孩子的耐性，磨炼他的意志。

比如，我们家扔垃圾的活儿都是交给孩子干的，每天出门前我会把垃圾打包好放在门外，孩子出门的时候再带下楼。偶尔没放在门口，我也会让孩子自己观察一下，垃圾筒满了没有？需不需要丢？

每天坚持做家务还能培养孩子的责任感。现在之所以妈宝男和妈宝女那么多，配偶之间不懂得互相体贴照顾，这些都是因为从小父母为孩子做的太多，什么家务都不舍得让孩子做，剥夺了孩子独立自主的机会。

孩子的责任感从哪里来？就是从这些实实在在的家务中培养出来的。如果一个人经常为家庭承担一些劳动，并视之为己任，这就是有责任感。

在我们家，除了孩子自己的房间之外，家里的鞋柜也是他的管辖区，如果有鞋子放在外面，那需要他负责收拾，因为他管辖的区域，他要负起相应的责任。

04

让孩子做家务好处这么多，为什么有的父母还是不愿意让孩子做？

孩子不是天生就会做家务的，特别是早期的时候，让孩子帮忙做家务会增加父母的工作量，所以有时候爸爸妈妈并不乐意让孩子帮忙。

可是，孩子在开始时不能做好，不代表以后都做不好。就像学习新知识或者掌握新的技巧，都不是一次两次就能做到的，他们需要一点一点慢慢地学习，再反复练习。

这时就需要父母多一些耐心，自己在做的时候，把孩子带在身边，让他们看，再让他们模仿，即便没做好，也不要指责，要继续鼓励他们。

孩子学做家务并没有严格的年龄规定，越早接触越好。不管多大的孩子，当他表现出跃跃欲试的兴趣或者主动说"让我试试吧"，便是他们学习做家务的最好时机。

两三岁的孩子看见妈妈在干家务，常常会在边上嚷着："我也要干，我要帮妈妈忙。"这时候大多数妈妈都会说："谢谢你，可是你还小，以后再做吧，妈妈一个人可以做，你去玩吧。"

虽然我们想的是，等孩子大一点再做，但孩子却不会分辨"以后"究竟是多久，他只会产生"家务，妈妈一个人就可以，不用我帮忙"或者"妈妈不喜欢我帮忙做家务"的想法，次数多了他会心安理得地把做家务这件事从自己的应做事项里永久删除。

等到孩子长大了，妈妈想让他帮忙，说："别光顾着看电视了，偶尔也来帮忙做家务啊。"这个时候就已经太晚了。

孩子做家务其实和年龄没关系，关键还是激发孩子的兴趣，多给他们鼓励。

通常在3岁左右，孩子的指尖开始灵活起来，开始模仿大人的样子也能帮忙了，这时可以让他们帮忙干些简单的、危险性小的家务，比如拿个盘子、擦个桌子之类。

05

怎样让孩子愿意帮忙做家务？这得讲究技巧。

很多父母其实有让孩子帮忙做家务的意识，但他们不知道该怎么开始，什么样的家务交给孩子才比较合适。

其实日常生活中还是有不少适合孩子做的家务的。

我们可以先从孩子自己的日常起居开始做，具体的方法是要父母给孩子做示范，先告诉孩子正确的做法。孩子开始可以一边模仿父母，一边不停地重复，直到学会了为止。这个过程中孩子可能会反复犯错，这都是正常的，父母不要轻易放弃。

举个例子，就说洗脸这件事，不夸张地讲，我教了儿子有100遍之多。不是简单地把毛巾拧干递给他，而是从最基本的"拿盆放水—拧干毛巾—按照从上到下的顺序擦脸—擦脖子—擦手—搓毛巾—拧干挂起来—倒水"的整个过程。

一开始，他觉得很好玩，用毛巾弄得水花四溅。我教的时候他不认真看，轮到自己试了好多次都做不好。让他重复洗了几遍，他便不耐烦了，发脾气扔毛巾，各种不配合。

当我一次次说"不对"，让他重新洗的时候，其实我内心也很崩溃，特别想冲上去把他胖揍一顿。越是这种时候，越考验父母的耐心，好在最后我还是忍住了，不管他怎么撒泼，我还是继续耐心演示，忍住不发火。

熬过了最抵触的阶段，儿子终于学会了洗脸。

洗脸学会了，洗脚自然也不在话下，洗完之后倒水收毛巾，也能自觉地配合。

很多事都是触类旁通的，让孩子从简单的开始学，循序渐进，慢慢地复杂的家务也能信手拈来。

不过，有些家务本身会潜藏一定的危险性，比如切菜、打火等，在教孩子接触这类家务时，一定要教给他们正确的操作方法，以及如何规避危险。

06

其实，我从小也不是一个会做家务的孩子。当我第一次离开父母去外地工作时，平时在家连菜市场都没去过的我，首先需要解决的还是买菜做饭这些最基本的家务劳动，当时的心情是既茫然又无助。

因为不想同一场景将来再发生在孩子身上，所以我现在会有意识地把家务一点点全都教给孩子。

成绩好不好，决定的是孩子能不能考上好的大学；而会不会做家务，将决定他未来会以什么样的方式去过自己的生活。

做父母的，终究在未来的某一天，会和孩子分离，但愿所有的孩子没有了父母的庇护也能好好照顾自己，活出自己的精彩。

孩子爱顶嘴，未必是坏事

01

不知什么时候起，我发现自家聪明伶俐的小娃娃开始懂得顶嘴，有时说出来的话，乍听起来还真是不好反驳。

比如，有一次，他剪纸弄得一地都是纸碎，我让他把地上的纸扫起来。他竟然振振有词地说："为什么要我扫呀？你为什么不扫，你是妈妈。"

我说："如果在吃饭之前你没有扫完，那你就得从你玩的时间里抽出10分钟来完成。"

这时他无理取闹地说："说好的世上只有妈妈好呢，为什么我妈妈这么凶？"

这种无赖的说辞，实在让我哭笑不得。

孩子顶嘴，这种事当然不能当作什么事都没有发生，只是对于爱顶嘴的孩子，一味地惩罚可能情况会更糟糕。

02

孩子顶嘴时，当爸妈的先别急着发火，因为从另外一个角度去看这件事，它未必是件坏事。

会顶嘴的孩子大脑发育好

顶嘴也是需要孩子开动脑细胞的，要组织语言运用词汇，还要进行一定的逻辑思考。

从刚开始的"不"慢慢到后来的"为什么"，这对孩子来说，都是种进步。

会顶嘴的孩子不盲从不跟风，有自己的主见

当孩子不再一味地同意父母的观点，这就代表着他自我意识的觉醒。

甚至，他们不惜用"顶嘴"的方式，来表达自己的思想和态度，这并不代表孩子真的想与父母作对，他只是在为自己做辩护，在表达自己的态度。

所谓的"正确""真理"都是相对的，孩子如果没有主见，只懂踩着别人的脚印走，很容易迷失自己。顶嘴的孩子身上的那种质疑精神，能引领他们找到自我。

顶嘴的孩子更自信勇敢

有一段时间我儿子的英语老师向我反映，说他上课的时候不怎么爱发言，也不爱举手回答问题，除非自己非常有把握的问题。

越来越注重别人对自己的看法，这就是孩子成长中的变化。

在如今成绩为王的大环境中，孩子们都很在意对错，在意别人对自己的看法，即便有不同意见也不敢表达。这样的孩子将来也很难有独立的个性和思想。

但敢"顶嘴"的孩子，却有一股与众不同的气质，他们敢于表达自己，也有自信保护自己。

当父母不把孩子顶嘴当作一项很严重的事情，自然心态就会平和许多。

03

孩子爱顶嘴或者对你有一些不尊重的言语和行为，不外乎是出于以下几种原因：

▷ 试探父母的底线，尤其是接近青春期和正在青春期的孩子。

▷ 孩子觉得自己受到了不尊重的对待，进而开始反击。

▷ 引起父母重视，得到自己想要的回应。

▷ 孩子心情不好。

▷ 没有人教过孩子要礼貌地沟通和互动。

那么当父母发现孩子顶嘴时，应该怎么办呢？不妨试试下面的几种方法：

▷ 要用一种平静、尊重的口气告诉孩子："如果我曾经那样对你说话，我道歉。我不想伤害你，但也不想被你伤害。我们可以重新开始吗？"

▷ 从1数到10，或采用其他方式的积极"暂停"，避免这样反驳孩子："你不可以这样对我说话。"

▷ 把孩子的"顶嘴"作为了解情况的一种信息（这可能是在告诉你有些事情出了问题），并且要在你和孩子都平静下来以后进行处理。

要关注孩子的感受，而不是关注孩子的不尊重行为

试着对孩子说："我明白，你现在很生气，感觉很不好。让我们先'暂停'一下，试着平静下来。当你感觉好一些之后再谈。我很想听听你因为什么事而生气。"

▷ 不要用惩罚来控制孩子。当你和孩子都平静下来之后，寻找一个对双方都尊重的解决方案。

▷ 把你的感受告诉孩子："当你那样跟我说话时，我感到很伤心。"或者，你可以说："停一下，我想知道我是不是做了什么伤害你感情的事，如果是那样，我很抱歉，伤害你不是我的本意。"

不要用命令作为回应

要决定你自己怎么做，而不是你想让孩子做什么。不要试图

控制孩子的行为，而要控制你自己的行为。

当孩子情绪激动时，你先平静地离开房间去散散步或冲个澡。在一段冷静期之后，再问孩子："你现在准备好和我谈谈了吗？"

让孩子提前知道你要做什么，是最有效的。"当你跟我说话不尊重时，我会离开房间，直到我感觉好起来，能够在爱和尊重的气氛中进行沟通。"

适当运用幽默感

比如当儿子不愿意收拾房间的时候，我会说："我一定是听错了。我猜你是想说'妈妈，麻烦你帮我捡一下好吗？因为我太懒了，现在不想捡。'"

抱抱孩子

有些时候，一个拥抱胜过千言万语，瞬间让孩子感觉到你的爱，为你们营造出一种爱和尊重的氛围。不过要注意，当孩子还处在抵触的情绪里，不愿意接受你的拥抱时，不要勉强。

04

以上这些办法可以暂时缓解孩子顶嘴和有不尊重行为的情况，但事后你还是要思考一下，如何从根本上解决孩子的问题。

反思自己日常的言行

想一想平时你对孩子是不是过于控制，或者过于娇纵，而造成了一种权力之争的氛围？

不要命令孩子，也要避免触怒孩子

家长平常对孩子不够尊重，也会教会孩子对你不尊重。

要确认是否你对孩子做出了不尊重的行为，触怒了孩子。

另外，尽量不要用命令的方式让孩子做事，而要在家庭会议上一起建立日常惯例。

讲究沟通技巧，学会使用"我信息"

对孩子说"你把地上的纸捡起来"，不如换成"我看到地上有好多纸，怎么回事啊"，这种完全不带命令和攻击性的语言，不会让孩子产生抵触情绪，会有效得多。

要让孩子知道，你爱他

确保孩子知道你对他的爱，同时让他清楚，等你和他都平静下来，一定会找到一个双方都认可的解决方案。

让全家人学会尊重的沟通方式

对事不对人的沟通方式，重点专注于解决问题，这样家庭中的每个成员都会觉得被尊重。

总之，发现孩子爱顶嘴，父母首先情绪不要太过激动，当你被触怒，很容易以惩罚作为解决方法，但这只会使事情变得更糟，因为你在试图教会孩子尊重时，却给孩子树立了一个不尊重的榜样。

孩子顶嘴，不尊重父母，这其实恰恰是将被动变为主动的一个好时机。

如果能把孩子顶嘴和不尊重的具体问题，看成是你和孩子共同学习的机会，那情况就不一样了。

善解脾气，才能善解人意

01

带孩子出门，最怕遇到孩子在公共场合发脾气。

不仅场面失控，还会让亲朋好友觉得自己培养出了熊孩子，特别尴尬。有些爸爸妈妈觉得没面子，气极了可能会忍不住动手收拾孩子一顿。

遇到孩子发脾气的情况，通常家长不是采用哄骗利诱，就是训斥打骂的方法，其实无论是不是在公共场所，当孩子表现出愤怒、不安等情绪时，采用压制的做法，都是错误的，不利于孩子对自己情绪的认知和掌控。

父母需要做的，是先了解孩子到底为什么那么容易发脾气？

其实很多情绪的背后，不是孩子不懂事，而和他们的大脑发育进程有关。

我们都知道大脑是人体的指挥中心，在孩子成长的过程中，大脑又可以被分为三个部分：

第一个部分：本能脑

本能脑，也就是爬行脑，是由小脑和脑干部组成。

这个部分从孩子出生之后就已经基本发育完全，所以孩子一出生有心跳、会呼吸、会吃奶，因为它跟孩子的生存息息相关。

第二个部分：情绪脑

情绪脑，也叫哺乳动物脑，是由大脑中的边缘系统组成。

它掌握着人的喜怒哀乐、食欲和性欲，绝大部分哺乳动物有这样的脑子。比如，小狗高兴的时候会摇尾巴，小猫遇到危险会夸起全身的毛，等等。

情绪脑从孩子的出生开始，慢慢发育，到青春期逐渐完善成形。

第三个部分：理智脑

理智脑，也叫新脑，是由大脑皮质组成。

理智脑是人类区别于动物的最主要特征，占到脑容量的三分之二，负责思考、判断、认知和控制情绪。

它从孩子牙牙学语开始一点点发育，到小学四五年级，初步完成。

但这个时候，它只限于遵守一些简单的比如按时完成作业之类的基本规则。

青春期的时候，理性大脑开始重塑，女性24~25岁，男性30

岁左右，这部分大脑才发育成熟，也就是所谓的懂事了，才有能力调整情绪，控制冲动。

以上这三个脑，是随着人的进化依次发育起来的。

如果把情绪脑看作一只小怪兽的话，那它到青春期的时候就已经发育完成，威力巨大，但关住它的笼子还要七八年后才能修好，所以在此之前，它就会经常跑出来搞破坏了。

也就是说，要求孩子在理智脑没有发育完全之前就像大人那样思考和判断情绪，是强人所难。

我们要知道，孩子暴躁、爱发脾气，不是孩子的错，是他的大脑还没发育好，他需要家长的帮助。帮他一边修笼子，一边促进孩子理性大脑的发育。

02

除了大脑发育的顺序之外，孩子的"暴脾气"还跟身体里的化学物质有关。

这些化学物质最主要有肾上腺素、皮质醇和多巴胺。

肾上腺素

肾上腺素在千钧一发的时候能救我们于危难。

但是如果肾上腺素过多，就会冲动，容易亢奋，让孩子有攻击性行为，这跟遗传和周围环境有关。

所以，当家长有一方或双方都是暴脾气的时候，就别怪孩子乱发脾气了。

　　家长要跟孩子一起学习控制情绪，当感觉自己呼吸急促、口干舌燥、肾上腺素升高，要发脾气的时候，就要启动应急机制，暂时离开，去洗洗脸，或者从1数到5，深呼吸。这些方法大人小孩都适用。

　　当孩子看到父母是如何处理愤怒的时候，自然也会慢慢学着控制自己的情绪了。

皮质醇

　　皮质醇是当人们承受压力、产生紧张感时分泌的激素。

　　它能让我们在危险有压力的环境下，调动身体的各项机能来应对压力。

　　但是长期皮质醇水平过高，会让人坐立不安，爱生气，防御心理很强，做事不分主次。

　　如果孩子的身体长期处于应激状态，会降低孩子的语言表达能力，影响孩子灵活处理问题的能力。这就像橡皮筋，如果长期绷得太紧，自然就失去了弹性。

　　通常当孩子遭到各种类型的暴力，处于压力环境中，就会出于自我保护本能，使皮质醇分泌加速，以备随时逃跑或奋起一搏。

　　让孩子皮质醇维持在正常的水平，首先是要保持有规律的家庭生活，避免让孩子遭受暴力或语言羞辱。

　　饮食上要减少咖啡和碳水化合物的摄入，孩子容易疲劳和焦躁的时候，在两餐之间要补充足够的蛋白质，保持血糖的平衡。

　　良好的睡眠、适当的户外运动也能保持皮质醇处于正常水平，简单来说就是吃好睡好运动好。

多巴胺

多巴胺是可以带来激情快乐的物质。

适量的多巴胺，能让孩子积极，充满热情，相反则会让孩子缺少积极性，情绪低落，不喜欢交流，甚至注意力不集中、多动等。

多巴胺是大脑的奖赏中心，可以让孩子做自己喜欢的事，适当培养孩子的兴趣爱好，这些都能帮助孩子改善情绪，让孩子的身心状态逐渐积极和稳定。

现在我们明白，孩子每一种情绪的背后都有生理因素在起作用，是三个大脑不同步发育，导致孩子控制不住自己的情绪。

想要调节孩子的情绪，就要注意调节孩子身体化学物质的分泌量，并且可以通过调节饮食睡眠，鼓励孩子做喜欢的事，促进孩子理性脑的发展。

03

既然孩子发脾气是受生长发育的限制，无法避免，那么孩子下次胡搅蛮缠的时候，是不是就只能听之任之了呢？

也不是。

世界上不会有完全不发脾气的人，不单是孩子，父母自己也做不到。

所以发脾气本身不可怕，可怕的是用错了处理方法。

面对发脾气的孩子，父母往往会采用一些错误的办法，总结起来可以归为以下四类：

转移注意力法

这种方法对于年纪小的孩子特别有效。

孩子哭闹发脾气了，一块巧克力、一集动画片、一个新玩具都能立刻缓解孩子躁动不安的情绪。

看起来孩子情绪是变好了，但随着孩子年纪的增长这种方法会越来越无效，因为它并没有解决问题，只是逃避了问题。

而且这种方法暴露了家长内心的恐惧和无助，因为他们担心让孩子肆意地表达情绪，自己会应付不来。

等孩子长大后，开始重视自己的情绪体验时，再用这种方法就不灵了。

而且这种方法会传递给孩子，愤怒、误伤、担心这些负面情绪都是不好的，他们只能做让自己和父母高兴的事。这会让孩子感觉迷茫，影响孩子对人、事、物的处理。

所以，总的来说，这是一个见效快、疗效短、副作用大的错误方法。

打压法

打压，可以说是一种完全糟糕的方法，对孩子没有任何好处。

因为它简单粗暴，丝毫不顾及孩子的感受。

想象一下，孩子一发脾气，就遭到家长的责骂和恐吓："哭什么哭，再哭揍你了！"甚至，孩子还没说出原因，一个巴掌已经扇过来，换作谁都无法接受。

这种处理方法，家长把注意力放在情绪和发泄情绪的行为上，不去了解孩子情绪发生的原因。

孩子哭通常是因为感到委屈，而打骂孩子只会让孩子把负面情绪积压在心里。

长期打压孩子的情绪，会让孩子有问题也不再和父母沟通，不向父母求助，并且会让孩子陷入自我否定中，调节情绪也会有更多困难，更难集中注意力。

冷却处理法

孩子哭闹不能打，那关小黑屋总行了吧。

想一想，自己是不是也经常对孩子这么说："你先冷静冷静，等你气消了再出来。"

家长用忽视的方法处理孩子的情绪，是家长不愿或不知道如何处理，而让孩子自行解决。

但孩子渴望被你看见，希望得到你的关注和安慰。

如果你不管他，孩子偶尔的任性会发展成经常性的哭闹，再发展成摔东西。

再不管他，孩子还会发展出攻击行为，以言语行动伤害身边人。

人是社会性动物，都渴求在关系中寻求认同和成长，忽视孩子，就等于是在孩子需要你的时候，切断了孩子跟你的联结。

对于孩子来说，那种体验是致命的，他们很恐慌、很害怕，像掉进了情绪黑洞不知道怎样才能走出来。

唠叨法

采用这种方法的父母，一般都是很有耐心的，他们希望把自己人生的经验和体会传授给孩子。

可惜，父母说得再多，孩子也只会不耐烦。

你讲的很对、很正确，但对于深陷情绪困境中的孩子来说，这些根本不可能听进去。

家长只说自己以为对的道理，对孩子的情绪视而不见，讲理不讲情，孩子会在本来的负面情绪之上，多了一份不耐烦和愤怒，这会让事情雪上加霜。

当然以上的这四种方法并不一定是单一出现的，大部分的家长都会组团使用，恶性循环。

04

既然以上的方法都不对，那么孩子发脾气了，家长到底应该怎么办呢？

其实很简单，只要做一个和孩子沟通情感的家长就可以了。

孩子的情绪就像洪水，要疏导开闸放水，不能筑坝拦截堵。

而用同理心来对待孩子，能帮助孩子处理负面情绪，能在自己和孩子之间搭建信任和爱的桥梁。

首先，要明白负面情绪在每个人的生活中都会出现。

要让孩子勇敢面对自己的负面情绪，帮助孩子接受认知自己的负面情结，关键是怎么处理。

其次，积极引导，教导孩子接纳自己的各种情绪。

聆听和分享之后，寻找合适的宣泄渠道，跑步、打球、唱歌等，然后再思考如何解决问题。

再次，合理分析，以非破坏性的方式表达内心的愤怒。

教孩子为愤怒设置规范，去控制不恰当行为的限制。

最后，真实呈现，在孩子面前不掩饰自己的情绪。

告诉孩子伤心和生气的原因，以身作则是人生的一部分，不要逃避自己的负面情绪，孩子可以从你的处理方式中学习经验。

具体的做法是：

直截了当地说出你看到的孩子的情绪

比如，孩子放学回来不高兴，你走过去问："你看起来有点难过，是什么事情让你难过呢？"

无论是什么样的回答，都要表现出尊重，传递给孩子一种信息：我注意到你有这个情绪，并且我接受有情绪的你。

帮助孩子描述自己的情绪

孩子对情绪的认识不多，词汇掌握也不够，有时可能无法对自己的情绪进行精准有效的表达，此时家长可以提供一些词语描述这些感受，帮助孩子表达自己。

对于怎样让孩子认识自己的各种情绪，我推荐一部动画电影

《头脑特工队》。

里面很形象化地把各种情绪塑造成了性格迥异的小人，比如，快乐的时候人的大脑是被叫"乐乐"的小人控制，难过伤心时是被一个叫"忧忧"的小人控制……

这样孩子能够更加直观地了解到自己的各种情绪，也能理解，负面情绪跟积极快乐的情绪一样，都是自己的一部分。

在孩子描述自己情绪的时候，不要打断孩子的话，要看着孩子的眼睛鼓励他，可以用一些辅助性的肢体语言，比如拍拍他的背、摸摸他的头，这样孩子的面部表情、身体语言都会舒缓下来。

引导孩子恰当地宣泄情绪

要让孩子明白，他所有的情绪你都可以接受，但不是所有的行为你都能接受。当孩子有打人、摔东西的行为时，需要明确地告诉孩子，愤怒是合理的，但破坏行为是不恰当不合理的。

然后，你可以引导孩子去思考什么是合理的情绪宣泄。

用实际行动帮孩子解决问题

帮助孩子勇敢解决遇到的问题，先问孩子想得到什么，鼓励孩子自己解决问题。

比如，孩子和人打架，先问问他为什么会打架，他希望通过打架解决什么问题，比如，他希望得到友善的对待，不被嘲笑，那你让他思考一下，打架让他获得想要的东西了吗？

在这个思考过程里，孩子会领悟到自己感觉不好的原因，以及如何处理才是有效的，将来有类似的问题就能更好地应对。

05

最后，面对发脾气的孩子，要处理他们身上的负面情绪时，父母应该知道几个基本的原则：

不要以情绪来压制情绪

如果孩子在公共场合大吵大闹，爸爸妈妈会觉得丢脸，也会产生情绪。

情绪是第一反应，直接发泄是初级应对策略，真正丢脸的不是孩子闹情绪，而是大人和小孩的情绪混战。

成人需要有更高级的应对，既看得到孩子的情绪，也看得到自己的情绪。在处理孩子的情绪时，父母要先处理好自己的情绪。

建立情绪冷却机制

当孩子发脾气、自己也忍不住想发脾气时，要给自己建立一个冷却机制。

深呼吸，或者想象一个让你能冷静下来的美好画面，还可以给一个冷静睿智的朋友打电话。

总之，先建立应急预案，先给现场的气氛降温，再来处理问题。

接纳不等于纵容

你看到孩子的情绪时，先表达你的理解和接纳，看到孩子情绪下的需要，但不一定要按他说的做。

把孩子当作独立的人，一是能促进孩子的自我成长，让孩子对自己负责任；二是能帮孩子理清混乱的自己。

等孩子情绪慢慢稳定之后，就可以继续交流了，并且孩子可能会跟你交流更多的想法。

孩子不会无缘无故地发脾气，如果父母能把孩子每一次发脾气，都当成一次增进亲子感情的机会，那么孩子发脾气的频率和时间一定会越来越少，调节自己情绪的能力也会越来越强。

第五章

情商高的孩子，
人生更加开阔

乐观的心态，
是父母送给孩子最好的礼物

01

儿子上英语课的时候，老师说他做游戏时撞到了胳膊，起初我们也没太在意，可中午睡觉起来他的右手还是抬不起来，疼得大哭。我们这才慌了神，带去医院拍片子，发现胳膊骨折了。

那边医生拿着片子气定神闲地说："你看，两根骨头都断了。要打石膏，至少45天……"这边我已经吓得魂飞魄散。

王先生后来告诉我，医生打石膏时他帮忙抬着儿子的手，明明那么冷的冬天，他居然紧张得整个后背都湿透了。

我假装若无其事地说："没关系，小孩的手长得快。"其实他不知道，我更怂，听到"骨折"两个字的时候，我就马上一个人躲到厕所里冷静了半天才敢出来。

我心里一直在盘算，要怎么跟孩子说，要怎样才能让孩子对骨折这件事的恐惧和痛苦降到最低。

02

从厕所出来，看到儿子蔫蔫地坐在急诊室的椅子上。我问他："手还疼吗？"他点点头。

我说："一会儿妈妈帮你把衣服脱掉，让医生在你的手上绑一个东西，这样你的手就不疼了。"

不知道是不是因为我这样说没什么说服力，他半天没吭声。隔了好久他才对我说："那要是别人看到我没穿衣服的样子，多羞啊！"还有心思考虑这些，看来他的情绪已经缓和了不少。

医生给他绑石膏的时候，我努力保持镇定，脑子里飞快地在思考如何能让他更好地接受和消化这件事。

石膏绑好，我立刻说："哇，你太酷了，像超级无敌的宇宙战警一样，有了一个大炮手臂。"

王先生听我这么说，也默契地配合："对啊对啊，我们还可以在你的大炮手上画画、写字，多棒啊！"

然后，神奇的一幕出现了，急诊室里多了一个摔断了手居然还能笑出声的小孩。他说要把他的大炮手带回家给婆婆和小朋友们看一看，似乎摔断手成了他炫耀的资本。

带他回家的时候，怕他乱跑撞到手，我故意对他说："你的大炮手可是我们之间的秘密，千万要藏好，不能告诉别人。不然你的超级无敌能量就不灵了。"

这种做法对小孩简直百试百灵，那段时间，儿子就像独臂大侠杨过一样，用左手吃饭、看书、画画，并且还挺乐在其中的，完全没有因为受伤而情绪低落。

03

我们生活的世界，每天都有各种各样的悲剧降临。除了一些人为的因素，可以自己警觉加以避免之外，在其他的天灾人祸面前，我们或许根本无处可逃，比如地震、海啸、空难等。

既然躲不掉，就要去面对。面对的过程中，就算你再怎么懊恼、怨恨、咒骂、自责，都不能解决问题。

那不如就教孩子保持一份乐观吧，乐观至少能给自己多一丝慰藉，多一分希望。

当然，与这种概率很小的天灾人祸相比，生活中更多的痛苦，还是来自一些鸡毛蒜皮的小事。

比如，考试没考好，长得胖被小伙伴嘲笑，穿了新衣服背后却被别的孩子甩上了钢笔水……这些小事情，在你眼里可能不值一提，但到了孩子那里，可能就会演变成一个漫长而痛苦的上午，或者一周，甚至一学期。

这些大大小小的痛苦，我们没办法一一帮孩子挡掉，但我们可以把面对这些事情的态度教给孩子，心态决定了一切。

就比如，手臂上着石膏期间，孩子对我说："妈妈，我的手戴着大炮不能动，太麻烦了。"

我告诉他："戴着这个大炮的确不方便，但也有一个好处，这样蚊子就咬不到你的手啦！"

我的方法或许不是绝对正确的，但我的想法很简单：我宁愿我的孩子快乐得肤浅，也不要他痛苦得深刻。

04

有人说，乐观是一种看不见也摸不着的东西，好像很虚，想要培养孩子乐观的心态，到底应该怎样做呢？

我的看法是，尽量通过一些具体的形式为孩子捕捉到快乐，培养他们乐观的心态。

给快乐一个仪式

比如过生日这件事，生日对于成年人来说无外乎是和家人朋友一起吃顿饭，没什么特别的，但对于小孩来说无疑是一个隆重的节日。很多孩子，去参加别人的生日会，往往比过生日的那个人还要嗨！

五颜六色的气球、彩带，戴生日帽、唱生日歌，许愿吹蜡烛，吃蛋糕……每一个环节都让他喜不自禁。孩子都是很容易满足的，给块糖就能高兴很久，何况是一场盛大的欢乐派对。

除了过生日，每年名目繁多的节日也是一个个快乐的仪式。

在儿子的眼里，万圣节可以要糖，圣诞节可以收礼物，端午节吃粽子、中秋节吃月饼、春节更是有着各种各样好吃好玩的，真是太开心了！

在他有记忆以来的每一年，都是用这些细碎的快乐串联起来的，每每想起都会笑出声。

除了生日和节日，快乐还会以其他的形式潜伏在我们的身边。比如每天一家人一起吃顿饭，各自聊聊这一天有趣的事，说说笑笑，也是一种最简单的快乐仪式。

快乐是需要仪式感的，构建这种仪式非常简单，只要一家人
都愿意按照计划一起去做，任何事情都会变成一种仪式。

这些快乐的"仪式"不但能给平淡的生活撒上一把糖，还能
够加强家庭成员之间的感情，赋予孩子生活的意义。

学会欣赏音乐

这里的"音乐"不是让家长们把孩子都送去学声乐或是乐
器，那是为孩子增加一项技能，本身并不能带来快乐。

我所指的"音乐"是一种情绪的延伸，是一种欣赏接纳的基
本素质。比如随便跟着某个节奏就能打起节拍，比如高兴时听高
兴的歌，悲伤也可以听疗伤的歌。

人类的每一种情绪都能用音乐来做注解，所以让孩子学会欣
赏理解音乐就是他们快乐的基调。

从胎教开始就可以让孩子听一些快乐轻柔的音乐，这样的小
朋友长大后很容易在音乐中得到共鸣，也可以借助音乐来表达抒
解自己的情绪。

尽量让孩子参与

同样是送礼物给小朋友，你买回来给他和带他出去买，效果
是完全不一样的。显然后者的效果会加倍，这就是参与的乐趣。

这种参与也体现在平时的日常生活中，比如我平时经常会让
儿子帮忙开个灯、扔个垃圾，他都会很乐意，也很开心。

让他参与家庭生活，是让他意识到父母对他的重视，并且增强他的自信心。他会在这种"付出"中发掘更多的快乐。

少向孩子传递对世界的负面评价

孩子在家时，都是集万千宠爱于一身的，到了幼儿园集体中，老师要照看那么多孩子肯定没有家里人那么精细。遇到挑剔的家长就会觉得老师不尽心，难免会流露出负面情绪。这些情绪会慢慢吞噬孩子的心，变得不再相信任何人，也不再快乐。

成年人知道这个世界并不是总那么充满善意，可是依然要在其中积极地生活下去。这或者就是成年人焦虑不安的原因之一。

但是外界对自己的态度往往取决于自己的心态，就像电影《美丽人生》里的那个爸爸一样，即便外界的环境再恶劣，也要给孩子一个美好的设定，设定幼儿园的老师像妈妈一样爱他；设定医院里的"白大褂"也希望他的病快快地好起来；设定他觉得美好的东西，大人们也会投来赞许的目光……

如果父母让孩子觉得世界是美好的，那么孩子的世界就会是美好的。

培养一个孩子乐意坚持的兴趣

这个兴趣可以是画画、唱歌等任何有益于孩子身心发展的活动。

比如，儿子现在最大的兴趣就是阅读，那我索性就把书铺开随便他去。让他自主选择想看的书和看书的时间，并规定他要在看完后把书收起来。

这样做最大的好处是可以在他和阅读之间建立起快乐的连接，所以他只要一想到看书就会觉得很幸福、很快乐。

种花养草，亲近大自然

有一次，儿子想种颗大蒜，想看它发出芽来是什么样子的。也许是他从书上看到的，也许是听老师说的，但既然他那么执着地想种一棵植物，我当然是全力配合。

在他期盼的眼神中，我翻箱倒柜地找出花盆，拌好土把大蒜种了下去。那段时间他天天观察大蒜的生长进度，乐在其中。

我们还可以带孩子种一些比较容易成活的花花草草，想象一下，当他看到一粒小种子变成漂亮的花朵时，那种成就感和快乐是无可比拟的。

我们农村的老家也是我儿子很爱去的地方，并且每一次回去他都会有新的惊喜，因为对他来说开阔的田野和大自然充满了神奇的力量，亲近大自然，还可以培养孩子各项感官能力、观察能力和反应能力。

养一只小动物

如果是对猫狗比较抗拒的家长可以选择金鱼、乌龟这种好养活的小动物。

我给儿子养的是乌龟，因为它没有毛也不娇气。虽然不像猫猫狗狗那样跟人亲近，但足以让他的生活充满了乐趣。一有空他就会趴过去看，还常常会提醒我们，要给乌龟换水、喂食了。

据说，当孩子感到担忧或害怕时，小动物的陪伴会让他们更觉得安心。同时，还能让孩子负担起养育的责任，让他学会体贴和照顾他人。

多结交玩伴

独乐乐当然不及众乐乐，所以让孩子迅速开心起来的方法就是让他跟小伙伴一起玩。我儿子喜欢跟比他大的孩子一块玩儿，哪怕别人欺负他，他哭两声又追过去玩。虽然也不懂大孩子玩的游戏，但就是会咧着嘴傻呵呵地跟在后面疯跑。

不涉及安全问题，我不会去多干预，总之，他高兴就好。何况，跑一跑顺便也能锻炼身体呢！

天气不太好的时候，他也会去小朋友家玩，或是邀请小朋友到我们家来玩。有了小伙伴的陪伴，大人落得轻松，孩子也觉得高兴。

有一个好口福

吃是人类产生快乐的重要源泉之一，但一味地胡吃海塞可不是福。只有会吃才体现了对食物口味的选择和比较。

儿子喜欢吃咖喱饭，喜欢喝鱼汤，而我希望他能多吃一些新鲜蔬菜。所以做饭前，会先问他想吃什么，平衡一下今天的菜式。

装饭的时候只装小份，吃完了再添，吃饱了就放下。对于吃饭困难的孩子，一定不要在后面追着喂饭，不要给他造成吃饭的压力，不然就会剥夺孩子本能的乐趣。

都说能吃是福，胃口好、能享受美食的孩子，心态都不会太差。

养成爱运动的习惯

运动最能发散孩子天性，并能使他们迅速兴奋，尤其是男孩。有研究表明，经常参加体育运动的孩子不仅身体更健康，心理素质也会更好。因为健康强壮、体力充沛会带给孩子良好的自我感觉，让孩子快乐。

所以想让孩子快乐，那就带他们动起来吧！做操、游泳、骑车、打羽毛球……什么都行。

儿子很喜欢球。篮球、足球、气球，甚至肥皂水吹出来的泡泡球，凡是圆滚滚、会动的东西都能让他兴奋不已。传球、滚球、投球每一款游戏都能让他玩上大半天。

看到他哈哈大笑的样子，大人也觉得很开心。

随着孩子年龄的增加，各种学业和升学的压力越来越重，能让孩子真正地开怀大笑的事情或许会越来越少！客观情况我们无法以一己之力去改变，但是乐观开朗的好心态却是父母可以给孩子最好的礼物。

如果你也相信"性格决定命运"这句话，那么就请保护好孩子的那一份乐观，把天真无邪的笑容长长久久地保留在孩子的脸上吧！

让孩子在幼儿园里受欢迎有多重要

01

小Q家的孩子今年刚上幼儿园，开学的前一两个月，她发现孩子回来脸上隔三岔五有点小伤，有时裤子尿湿了也没给换。

询问了老师，老师说伤口是由于小朋友之间小争执、小推搡造成的，很小的事，而裤子湿了孩子没告诉老师，所以老师没发现。

老师给的解释无法令小Q释怀，她觉得归根结底还是老师对她的孩子关注不够。那么有没有什么方法，可以让孩子在幼儿园受欢迎，被老师喜爱呢？

02

其实，我自己也会有这样的疑问，所以平时会有意识地跟身边当老师的朋友聊，总结了以下几个比较实用的方法：

不要特意让孩子提前入园

一般正规幼儿园是要满三周岁之后才可以上小班，但双职工家庭不得不面对父母都要工作孩子没人带的现实情况，所以就会把孩子早早地送去小托班，或者私人性质的托儿所。

有些父母甚至为了让孩子能提早上学，选择在8月31日剖腹产，或者修改孩子的出生日期。

这样做，也许智力上对孩子影响不大，但生活自理能力和学习能力都会比同龄人差很多。

提前让孩子入园入托，对于孩子的成长来说真的影响很大，特别是男孩。男孩的智力发育要比女孩延后，通常5岁男孩的大脑从某种程度上只相当于3岁半的女孩大脑。所以小男孩在刚入园的时候，肯定各方面都不如同龄的女孩。他们的认知、自理能力也会相对较弱，这就为孩子不受老师待见埋下了伏笔。

如果能让孩子晚一两年入园，情况就会改善许多。

朋友家的男宝，9月份生日，刚进幼儿园时，因为会自己穿脱衣服、摆碗筷，就被老师选中当了小班长，孩子特别自豪，每天都想早早去幼儿园。

打扮精神，穿着干净

在这个颜值即正义的时代，长得好看的孩子，多半在幼儿园吃香。吃香到什么程度呢？班上选值日生、升旗手、表演节目……凡是露脸的活动，在本身水平相差不大的情况下，一定会让长得好看的孩子先上。

心理学上的一个巴特·辛普森效应，说的是：

大多数人认为，那些长相一般的孩子，他们的才干和社交技能都不如那些长得漂亮的同龄人。

明尼苏达大学心理学者埃伦·伯奇德曾做过一项研究，是关于幼儿园孩子受欢迎程度的等级评定。收集完评定资料后，学者们发现，老师们评定出来的受欢迎的孩子，普遍都是那些长相上有优势的孩子。

因为长得漂亮，幼儿园老师会在心理上与这些孩子更亲近，自然也给予他们更多的爱和关心。而这些孩子因此获得信心，有了更积极向上的动力。如此正循环，越好看，越优秀。

可是孩子长相的好坏，取决于父母给的基因，就算是一个家里的孩子，还有美丑之分，所以长相平平的孩子数量要远大于长得漂亮的孩子。

如果孩子长得没别人漂亮，也不要紧。颜值不够，衣品来凑，最起码每天让孩子穿得干干净净的，让老师看起来比较顺眼、可爱，也能增加老师的好感。

如果一件衣服穿一两个星期，鞋子又黑又臭，头发油腻腻地贴在脸上，这样的孩子，怎么可能让老师喜欢？

嘴巴甜，会表达

早上入园，甜甜地跟老师问好，情商高的孩子还会变着法儿地夸奖老师。所谓伸手不打笑脸人，面对这样的孩子，老师就算想发火都发不出来。而且被孩子夸奖，老师的心情也会不一样，人一高兴就不会容易生气了。

嘴巴甜的另一个好处，就是孩子的表达能力强。当别的孩子只会说，好看和不好看的时候，你的孩子能评价老师"像仙女一样"，肯定会令老师刮目相看吧。

某亲子园的老师之所以敢明目张胆地虐待孩子，就是因为欺负不满两岁的孩子，表达能力不强。如果孩子上幼儿园的时候，已经能清楚地表达自己的想法，说出长句子，回家能及时和家长沟通情况，那恶人也不敢对孩子伸出魔爪。

自己穿衣、吃饭，自理能力强

大家都知道，老师在幼儿园的工作都是一对N的，一群小朋友等着照顾，根本分身乏术，如果你家孩子的自理能力强，衣服会穿，鞋带会系，吃饭也不用喂，让老师省很多心，老师也会对孩子多点好感。

不仅如此，还会乐意多安排值日生的工作给孩子，能在全班面前当小管家，不仅是件很荣耀的事，还能培养孩子的责任感。

儿子因为吃饭习惯好，被老师选上督促别的孩子认真吃饭，虽然并不需要他真的做什么，他也觉得特别光荣。

爸妈尽量亲自接送孩子

送孩子入园和接孩子离园的时间是找老师沟通的最佳时机，而且老师也希望能和孩子的父母直接沟通，特别是家里那个负责孩子教育的"话事人"。一来年轻人沟通更直接高效，二来可以避免老年人在中间传话引起歧义。

所以如果有时间，父母要尽量亲自接送孩子，不要一味地把孩子推给老年人。没有时间，至少定期去接送孩子几次，这样孩子高兴，也能在老师面前混个脸熟。

多配合老师工作

老师安排带什么材料和工具，家长能积极配合，有问题私下沟通，互相理解，老师的工作开展顺利了，自然有更多的精力放在孩子身上。

老师提出的要求和建议，要尽量按时完成，有特殊情况不能做到也要及时跟老师说明。

敷衍老师，就等于是在敷衍自己，耽误孩子。

家长会、开放日、公开课……这些都是难得走进幼儿园的机会。有了互动才能让老师更加了解你和你的孩子，更加有利于老师日后开展教学工作。

跟老师交流之后，孩子身上出现的问题有没有改善，或者取得了哪些进步，要及时跟老师沟通反馈。

要让孩子知道爸爸妈妈跟老师是站在同一标准上来要求自己的，这样孩子就没有了放纵自己的理由，只能督促自己更快地进步。

多正面评价孩子的老师

要相信绝大多数的老师都有自己的职业操守和道德底线。他们每天跟孩子在一起的时间，甚至比家长还要长，所以他们会看到你平时看不到的孩子的另一面。

孩子年幼时，对老师的评价往往来源于父母，所以当着孩子的面，应该多夸奖他的老师，这样有助于培养他对老师的好感。就算对老师有什么想法，也要私下里沟通。

因为孩子只会向自己喜欢的人学习，当他喜欢一个老师时，老师的话他会听，老师布置的任务他也愿意配合完成。

人的关系都是相互流动的，慢慢地老师也会喜欢上你家积极配合的孩子，给予孩子的反馈也会更温和。

03

也许有家长并不理解，为什么要这么费力让孩子在幼儿园受欢迎呢？就算老师不夸我家孩子，回到家来，还有爸爸妈妈爷爷奶奶，一大家子人等着疼他。

首先，我们要知道幼儿园老师对孩子的影响到底有多大？

北师大的教育专家钱志亮教授说过，孩子在0～3岁的时候，智力开发总量为56%，3～6岁的智力开发总量为24%，也就是说孩子在学龄前智力可开发的总数为80%。所以，幼儿园老师是除了父母之外，对孩子影响最大的人。

其次，人生在世，最难得的是"机会"二字。

世间千里马常有，而伯乐难寻，也是这么个道理。

不管是幼儿园还是小学、中学，老师和孩子的互动模式都是一对N的，班上的孩子那么多，老师不可能跟每一个孩子都促膝谈心，也不可能像父母那样理解和接触每一个孩子。

如果你的孩子能让老师多一点好感的话，那么无形之中就为孩子多创造了许多机会。

参加儿子幼儿园开放日的时候，老师上课请小朋友回答问题，有一个孩子站起来回答了十几次，而有的孩子一次也没被点到。

为什么？因为老师越喜欢越了解的孩子，表现的机会也就越多。

最重要的一点是，老师越喜欢的孩子，通常会越自信。

幼儿园时期的孩子，心智还没有发育成熟，老师给予肯定是孩子树立自信的一个重要来源。老师给的机会越多，孩子的自信就越能建立起来。孩子越自信，在做事情时自然越全力以赴。因此他们又会获得更多机会，而更多的机会又会让他们更自信……如此良性循环，孩子自然比同龄人有更多的优势。

这也印证了社会学上的"马太效应"：有的会给予更多，没有的连已经拥有的也要剥夺，即强者越强、弱者越弱。

通过跟当老师的朋友沟通，不难看出，想要孩子在幼儿园或学校受欢迎，老师对他的态度很重要。做老师的朋友们都说，在班上，他们宁愿多一些成绩一般，但乖巧的孩子和配合的家长，也不喜欢成绩虽好，但天天惹事的孩子和不配合的家长。

说到底，老师其实不需要父母在家长群里炫耀光辉历史，也不需要家长隔三岔五地送来大红包，只求班级布置的工作家长能积极配合，发生问题能及时沟通，互相包容，这才是老师们最大的欣慰。

身为家长，我们也要尽力让孩子在一个健康阳光的环境下成长，尽情享受幸福的童年时光。

善良的孩子并不等于好欺负

01

一次儿子下英语课说肚子饿，我翻开他的包，发现给他带的饼干没有吃。

我问他，肚子饿为什么不吃饼干呢？他说饼干是榴梿味的，怕其他小朋友嫌臭，所以就忍着没有吃。

还有一次，王先生去幼儿园接儿子，因为天下雨被堵在了路上。看着班里所有的小朋友一个个被接走，儿子紧张得全身都在发抖，只要一有脚步声，他就站在教室门口焦急地张望。

但是当老师准备打电话给我时，他却突然拦住老师说："不要给妈妈打电话，她在上班，给爸爸打电话。"

明明已经担心害怕得要死，就因为我说过"妈妈可能在开会，所以不要随便给妈妈打电话"，他便愿意站在我的角度，为我着想，一个人吞下了这些担心和害怕。

这么小的孩子竟然已经知道要为他人着想，他的善良让我既感动又心疼。

02

孩子太善良，会不会变成"包子"，在学校被人欺负？不少
父母应该都有这样的担心。

有一个妈妈就曾忧心忡忡地跟我说，她女儿从不跟别人争
抢，任何好吃好玩的，只要别人要，就会让给人家。她担心女儿
太善良，会在幼儿园被欺负。

可是据我的观察，觉得那位妈妈的担心其实完全没必要。那
个小女孩是儿子常年挂在嘴边、最喜欢的女同学的第一名。

有一次我们去参加她的生日会，进门时候吓了一跳，班上几
乎所有的小朋友都来了。并且每一个小朋友第一眼看到她，就冲
上去热情地拥抱她。小孩子也许无法说清为什么喜欢一个人，但
如果有一个性格开朗的小女孩，她对人友善，也愿意分享，又有
谁会不喜欢？

有那么多给自己撑腰的好朋友，妈妈自然也不用担心孩子会
随便被欺负了。

03

如此善良有爱的孩子是怎么培养的呢？其实不用刻意教，孩
子天生就是善良的。

现在的孩子没有经历过动荡、贫穷的年代，他们在一个充满
爱、物质丰厚的时代中浸润长大，所以他们更有同情心，会同情
弱者，也会爱别人。

比如，走在马路上但凡看到一个乞丐，小孩子的脚步就有点

迈不开，他会拖住他妈妈尽量慢一点，实际上他想让他的妈妈捐点钱给这个乞丐。

可见，现在孩子的道德水平要比我们这代人高得多。父母需要做的，就是要小心翼翼地守护孩子的这份善良，并从小培养孩子向善思维的能力。

向善思维有多重要，我举个例子：

孩子在学习走路的时候，难免会磕磕碰碰，撞到桌椅板凳，如果这时家长采用"打板凳"的方式给孩子"报仇"，就把对待世界的"恶意"传达给孩子。

让孩子学会了"遇到不痛快就可以去责怪别人"，日积月累孩子就会变得不宽容、富有攻击性。

可如果当孩子被撞到的瞬间，父母换一种做法，先走过去安抚孩子，然后与他共情，告诉他小板凳也会疼，孩子就能把"小桌子被撞到也会跟我一样疼"的同理心带到与周围其他人相处的情境之中。

这一点，法国思想家卢梭著名的教育论著《爱弥儿》中也有提及，在谈到人的道德面貌形成时，他认为人在开头的一刹那间，也就是尚处于天真纯洁时期所接受的感知，将对他的一生产生不可磨灭的影响。

04

如果说孩子天性善良，可能也会有家长不认同。

随便翻一翻新闻，"留日大学生机场刺母""81岁老人被子女遗弃在美国机场"，这样的事例并不少见。为什么自己当牛做马伺候孩子吃喝拉撒，孩子长大后不但不感恩，还变成了白眼狼？事情的表面是孩子不懂事，不懂得感恩，可是家长们也要好好反思一下，自己有没有给过孩子感恩的机会？

我知道，每一位父母都不容易，为了能让孩子生活得轻松舒服一点，父母们习惯了为孩子付出一切，日积月累，孩子也习惯了理所当然地享用着父母的付出，当有一天，父母不能再满足孩子的予取予求，有些孩子可能就会出现极端的行为。孩子不感恩肯定不对，但培养出一个不感恩的孩子，父母就完全没错吗？

其实，如果不能保护孩子一辈子，不如早一点让孩子自己去体会生活的甘苦。

孩子能做的事，不要大包大揽

本该孩子做的事，父母却大包大揽，不给孩子经历的机会，慢慢地，会让孩子认为这一切都是理所当然的。久而久之，孩子就很难再对父母为他们所做的一切心存感激。

孩子想要的东西，别让它来得太容易

来得太容易，也就不会懂得珍惜。只有当孩子通过一些努力才获得所需的时候，他才会知道之前父母为了满足他的需求，有多辛苦，才会真正知道珍惜。

以身作则，做孩子的榜样

想要教给孩子感恩，首先自己就要有感恩的心，孝顺自己的父母，善待朋友和家人。

有意识地引导孩子说"谢谢"

这一点王先生做得比我好，准备好的饭菜端上桌，他会教儿子说"谢谢"。去朋友家吃饭，他会说"谢谢款待"。如果孩子帮忙拿东西，我们也会对他说"谢谢"。让孩子知道，即便是身边至亲至爱的人，他们对我们的付出也不是理所当然的，应该心存感激并表达出来。

现在儿子有好吃的、好玩的，都会想着给爸爸留，也会想着分给家里的其他人。

05

善良的孩子看起来不争不抢，似乎并不适应现在竞争激烈的社会，但是父母只看到它是孩子性格的软肋，但也要看到，它也将会成为保护孩子的铠甲。

在心态上不苛刻的孩子，长大后他的处世态度会更自如，人际关系会更和谐，会获得更多的帮助和机会。就像哲学家弗洛姆说的，爱邻人并不是一种超越于人之上的现象，而是某些内在于人之中，并且从人心中迸发出来的东西，它是人自己的力量。凭借这种力量，人使自己和世界联系在一起，并使世界真正成为他的世界。

所以，无论世事怎么变化，还是请尽可能地让孩子保持善良吧，因为善良的孩子，走到哪里都会受欢迎；因为善良的人，是和世界摩擦最小的人，也是最容易幸福的人。

孩子的"垃圾"情绪，
父母要帮忙清理

01

儿子某天从幼儿园回来，垂头丧气。问他怎么了？他说："晔晔不跟我玩了。"

我心头一紧，这个叫"晔晔"的小女孩目前是他"好朋友琅琊榜"中的前三名，每天回来都会像复读机似的念叨人家名字。她要是不跟儿子玩了，那对他的打击，不亚于失了一次恋！

于是我赶快帮他分析原因：

"你抢她玩具了？"

"没有！"

"她有新朋友了？"

"没有。"

"那她为什么不跟你玩了呢？"

"不知道，反正她今天已经明确说了，再也不跟我玩了！"

看来此事已成定局，我这个当妈的也无力挽回，而儿子的坏情绪还在继续发酵。

"唉，我今天太倒霉了！晔晔不跟我玩了，我一个朋友都没有了；（他们幼儿园经常会调座位，让全班的小朋友都能友好相处。）上课举手回答问题，老师也没看到；下午的时候还很想很想妈妈……"说着说着，他嘴一撇就想哭。

此刻母爱泛滥的小天使在我耳边说："快，冲过去！把他搂在怀里，告诉他'妈妈永远爱你'！"而理智清醒的小天使却极力阻止说："不行！得让他先把情绪发泄出来。"

02

我看了他一眼，手上依旧在忙，假装轻描淡写地说："哎呀！看来你这一天过得糟透了！肯定很难过吧？"

"嗯！"他头一低，眼泪已经掉下来了。

"那你想想今天有什么让你高兴的事吗？"

听我这么一说，他抹了抹眼泪认真地想了半天说："没有！"

"真的没有吗？那妈妈帮你想想。"

今天中午是妈妈去接你的，很开心吧！（因为幼儿园放学早，我一般没办法接他，所以他把"妈妈接我放学"当作一项奖励。）

这样一提醒，他来了精神："对的对的，接我的时候妈妈还送了我一件礼物，是巧克力。实在太美味了！"

"除了这个还有吗？老师今天给你小贴花（老师用来奖励给表现好的小朋友）了吗？"

"给了，两张！"

"那就对了！你举手她没让你回答，肯定是因为老师知道你已经会了，把机会让给了其他的小朋友。"

"原来是这样啊！"

"还有，晚上你吃了什么好吃的？"

"是婆婆做的香喷喷的饭菜，我肚子吃得饱饱的。"

"真好，然后，妈妈还有一个秘密要告诉你。"

"什么秘密？"

"你在很想很想妈妈的时候，是因为妈妈那个时候也很想很想你啊！"

"我实在是太幸福了！"

说到这里，我们俩已经笑作一团，多云转晴了。

03

其实，不管是大人还是孩子，每天都会把外面的一些"垃圾"情绪（负面情绪）带回来，无视它、打压它都不是好方法。

孩子有"垃圾"情绪不可怕，可怕的是这些情绪没有出口，一直堆积在孩子的心里。至于如何排解孩子的"垃圾"情绪，也没那么复杂，掌握一些基本的方法反复练习就能达到很好的效果。

了解"垃圾"情绪的成因

这一步的关键是，之前你已经与孩子建立起良好的沟通模式，你们经常一起聊天、做游戏，不知不觉他就愿意把他的想法告诉你。一旦了解了负面情绪的原因，一切就不难解决。

帮助孩子把"垃圾"情绪发泄出来

如果把孩子的"垃圾"情绪比作水，你一定不想你的孩子在心里把悲伤汇聚成河。

而疏通河道最有效的方式就是清淤，这一步需要注意的是，有些垃圾并不是一次就形成的，很多时候不是清一次就能清完的，得有耐心。

发现孩子有了"垃圾"情绪，要用共情的方式让他把情绪发泄出来。你可以用"我小时也遇到过这种事……"作为开头，孩子就会立刻停止哭泣，等着你分享"经验"，这一招百试百灵。

另外，要引导孩子自发排解情绪，而不是粗暴地帮他清空。

同样是忘掉不愉快的事情，前者用轻松快乐的体验覆盖掉坏情绪，后者是强迫自己忘记，哪一种更有效不言而喻。

另外，在帮助孩子排解情绪的时候，父母可以引导，但不要主导，毕竟这种能力是需要他们自己掌握的，父母不能每天守在他们身边。

转移注意力要有技巧

很多家长发现孩子的"垃圾"情绪后，喜欢用"转移注意力"的方式。比如，"别难过了，我带你去吃牛排"。这种方式表面上很有效，但实际上孩子的情绪还在，要切实地帮孩子想出一些解决问题的方法，才能真正地安抚孩子。

还拿开头儿子的例子来说，晔晔不理他了，我会试着了解："你是不是还想跟晔晔做朋友啊？"

如果得到肯定回答，我会继续说："那妈妈教你唱首歌，明天你去唱给晔晔听，她一定会觉得你棒极了，还要跟你做朋友！"

此时他就会精神百倍地说："那晔晔明天看到我，一定会两只眼睛都变成小星星。（动画片看多了的孩子）"

如果第二天晔晔继续不理他，怎么办？

也没关系，我们还可以教他讲个新故事、画张画、学几个舞蹈动作……通过这些方式，他的注意力转移了，就算晔晔小朋友不理他，至少他学到了一项新本领，还会吸引到其他小朋友，继而交到新朋友。

看到这里，聪明的父母们一定已经想出了更多的办法来排解孩子的"垃圾"情绪。像定期打扫房间一样，打扫孩子的"垃圾"情绪，孩子的脸上自然每天都是笑眯眯的。

要知道，爱笑的孩子运气都不会太差噢！

第六章

孩子要"养"，更要"护"

世界会惩罚不遵守规则的父母

01

每到假期，很多父母都会选择自驾带孩子出去玩。本来一家人出游高高兴兴的，但稍不留神，却可能会让出游的惊喜变成惊险。

2017年10月4日是中秋节，常州金坛的一位爸爸开车带着妈妈和5岁的女儿行驶在高速公路上。

女儿坐在后排吃甘蔗，爸爸把车窗摇下，教女儿把甘蔗的残渣吐到窗外，而且吐得越远越好，女儿照做了。

过了一会儿，爸爸想关上车窗，却没注意，此时女儿的头还在窗外，于是女儿的头被车窗紧紧地卡牢，动弹不得。但是粗心的爸爸正在开车，根本没有发现后排的女儿被夹住，还在不停地按关窗键。妈妈更粗心，明明就坐在女儿身边，却一直低头玩手机，所以也没发现女儿被夹住。直到一位大爷路过看到孩子痛苦的样子，才赶紧示意爸爸停车。

这时这对粗心的父母才发现女儿被车窗紧紧地夹住，但两个人不但没有及时送孩子去医院，反而还在互相埋怨争吵。

幸亏一位江苏省肿瘤医院 ICU 护士路过，发现孩子情况危急，及时做了心肺复苏，才将已经窒息脸色青紫的孩子从死神手里成功抢救了回来！

这个小女孩得救了，但另一个孩子就没有这么幸运。

就在这个小女孩遇险的前一天，也就是2017年10月3日上午，泉州高速公路上一对福建平潭的父母开车带着2岁的孩子自驾游。

但是在车子行驶的过程中，车后座的门突然打开，2岁的孩子也滚了下去，摔得满脸都是血。

虽然，父母发现情况后，立刻抱着孩子向高速警察求助，警察叔叔也及时送他们到了最近的医院，但是不幸的是，当天下午1点多，孩子还是经抢救无效而死亡，年轻的父母痛哭不已。

02

以上两起悲剧，看起来是孩子淘气惹的祸，但如果真的追究，父母却是实实在在的第一责任人。

归根结底，是父母的粗心害了孩子。

常州那个妈妈，就坐在孩子身边，竟然一点都没有发现孩子脑袋被车窗夹住了，而爸爸开车居然一点也不看后视镜。

福建的那对父母，也不知道孩子为什么会滚下车，孩子什么时候动了车门的按键也不知道……

可是，相对于父母的粗心，酿成灾难的元凶，是他们对于交通安全规则的漠视。

从两起事故来看，这两个孩子当时应该都没有使用安全座椅。

父母放任孩子乱按车锁，或者向窗外吐甘蔗残渣，本身就是极大的安全隐患。

世界上总是先有熊父母再有熊孩子。

2017年7月，北京首都机场发生的2岁孩子逃飞机票的事件，家长以"以为跟坐汽车一样，不知道2岁孩子要买机票"为理由，轻松地推卸了责任，免受了责罚。很多人甚至觉得情有可原。

可是，如果人人都可以不用为自己的错误买单，那势必让小的错误越滚越大，害人害己。

回到上面的两起事件，这两个家庭的孩子不用安全座椅，在后座吃东西，乱扔瓜皮纸屑，乱按车里的按钮，这样的情况，肯定也不是第一次发生。正是由于父母当时没有及时制止，也没有遵守既定的安全规则，才酿成了现在的事故。

我之所以会对坐车的安全问题如此重视，是因为平时坐王先生的车，有特别多的"规定"。

比如，后背一定要靠在椅背上，在车上不能吃东西，不能大声说话，车停稳了，拉了手刹才能下车……以前总是觉得他不可理喻，觉得处女座的王先生太挑剔，不知变通，但这何尝不是他用他的规则来护我们全家的安全！

03

身为父母，最容易打破规则的时候，多半还是为了孩子。因为父母最不能忍受的就是看到孩子痛苦。这一点，作为父母，我当然感同身受。

看到孩子生病痛苦，恨不得替他生病。去了医院，恨不得能让他第一个被医生诊断，第一个接受治疗。

看到孩子承受课业的痛苦，父母大声疾呼，要求给孩子减负。减负了之后，孩子成绩跟不上，考不上理想的学校，就想办法花钱托人，送孩子去……

父母无法忍受看到孩子经历这些短期的小痛苦，想尽办法去帮他抵挡，看起来是爱孩子，实际却是将孩子推入了更加可怕的深渊。

还有一个案例，同样是发生在高速公路上。孩子突发奇想，想坐在爸爸腿上开车。一开始，爸爸拒绝了，但孩子开始哭闹后，妈妈受不了了，对爸爸说："你在一旁看着，手扶着方向盘，如果有危险你也能及时阻止。"

孩子开了一会儿，爸妈让孩子回到后座位。第二次孩子又哭闹着要开车，这次没有刚才幸运。车子撞破围栏直接掉到了河里，一家三口全部遇难。警察后来是在孩子妈妈的手机里找到了这段视频。

可见，你无法忍受孩子一点的不如意，却不知道，这种藐视规则的纵容，最终会以百倍千倍的方式还回来，那时的后果才是我们真正无法承受的。

04

都说，"自律者，更自由"。

实际上，自律者不仅更自由，也更安全。因为任何规则，之所以制定出来，自然有它的理由。但是，我们往往教导孩子要遵守规则，自己却在一次次挑战底线。

比如，屡见不鲜的排队插队、开车玩手机等。父母这样做，对孩子实在是非常坏的榜样，因为孩子也许不会听你怎么说，但他一定会看你怎么做。

曾经，我们带儿子去游乐场玩，他想坐碰碰车。但是在门口测量身高的时候，工作人员看他不到1.2米，所以不让他坐，怕不安全。虽然只差了一点点，但确实没到1.2米，我和儿子也就放弃了。

旁边的一个小男孩，非常聪明。他听说身高不到1.2米不能坐碰碰车，所以在量身高的时候，偷偷地踮起了脚尖。工作人员见过了线，就放他进去，小男孩兴高采烈地去玩碰碰车了。虽然明明是那个小男孩犯规在先，但现场的人还是都觉得他的反应够快够机敏。

看到别人可以玩，而自己不能玩，儿子顿时蔫了下去。不过我觉得儿子的做法更值得表扬。

既然碰碰车制定了"不超过1.2米的孩子不能玩"的规则，那肯定有它的道理。（身高不足1.2米的孩子，一是安全带无法系紧，二是在碰撞的过程中，冲击力会使孩子的内脏受伤。用水球模拟孩子内脏的实验中，坐在碰碰车内被撞击后，真的发生了水球破裂的情况。）如果谁都可以随心所欲地破坏规则，那我们又凭什么去保护我们的孩子？

因为儿子不能玩，所以我就陪儿子在旁边看爸爸玩了一局，虽然不尽兴，但总好过以身试险。

我很庆幸，当时没有因为儿子不如其他孩子机灵而责怪他，也没有教他运用自己的"聪明"去挑战安全规则的底线。将来，他自己遇到类似的问题，也会乖乖地遵守规则，保护自己。

05

规则有时看起来，也许有点不近人情，但它既是约束我们的条框，也是保护我们的壁垒。

你越尊重它，它就会越保护你。

任何事，尤其是和安全有关的事，绝对不能抱着侥幸心态觉得自己可以幸免，哪怕侥幸逃过了一次，但幸运之神不会次次都眷顾你。

对于那些不守规则的父母，生活最终会给予严苛的惩罚。父母敬畏规则，才能最大限度地保护孩子周全。

孩子走失后的7大补救措施

01

周末很多家长都会带孩子去商场的儿童游戏场玩，我也不例外。

每次去，我儿子都会一头钻进游乐区，一会儿玩沙子，一会儿玩海洋球滑梯，不亦乐乎。

游乐区的孩子大多在6岁以内，周末本来人就多，加上一个孩子至少会有一个家长陪同，所以一个场地上不一会儿就挤满了人。

那天我儿子还没玩多久，我就看见一位背双肩包的奶奶急匆匆地赶来问："看到我家孩子了吗？"大家都摇头。

随后，她又在游乐区里找了个遍，一边找一边喊着孩子的名字。声音变得越来越急促，越来越紧张。她前前后后围着游乐场找了四五遍，还是没有看到孩子，老人家急得直哭。之后听旁边的家长说，原来是奶奶出去打水没告诉孩子，孩子见奶奶走了就跟着一块走。但奶奶没发现跟在身后的孩子，走散了又回来找，当然找不到。

最后商场安保的人出来帮奶奶一起找孩子，在我和儿子离开的时候，依然不知道孩子有没有找到。

02

也许你会想，那位奶奶还是太疏忽了，如果是你，一定会死死地盯着孩子，所以类似的事情一定不会发生在自己身上。可有时，就算你盯得再紧，也难免会百密一疏。

还有一次，我带儿子去家附近的广场玩，那里有给孩子玩的大型滑梯。我自认带孩子出来是很小心的，两只眼睛就像24小时的监控摄像头一样，几乎没离开过他。

有一瞬间，我看到他爬上了滑梯，前面有几个小朋友挡住了我的视线，真的也就是几秒钟的时间脱离了我的视线。

等了一会儿，没有看到他滑下来。喊他的名字，也没人回应，我开始不淡定了。

一开始，我围着滑梯一圈圈找，问滑梯上别的小朋友有没有看到我儿子，结果一无所获。

这时距离他爬上滑梯已经过去了五六分钟。

我开始有点蒙，一时间，我的脑海里闪过类似《亲爱的》《失孤》之类的电影画面。接着脑子一片空白，基本上我已经开始脑补后半生的悲惨生活了。

此时，我才相信，儿童走失这种事，即便是父母就在身边，即便是在治安非常好的地方，发生概率也非常高。

当然，我并不死心，我拼命想：我要怎么办，怎么办？当时我还在继续沿着滑梯附近一边走一边想一边喊他的名字，虽然声音已经开始颤抖，但稍稍恢复了点冷静，开始分析他会去哪里，并开始观察周围的地形。

03

滑梯后面就是住户，也有饭店，也就是说经常会有闲散人员出现。

虽然儿子很机灵，表达能力也好，也记得我的电话、我们家的住址。他还知道，走丢了要站在原地等妈妈，不能跟陌生人走。但如果，如果孩子不是自己走失，而是被陌生人强行带走的，再机灵的孩子也很难跟一个坏人抗衡。

那么，现在我是要到处去找，还是要站在原地等？

考虑到时间很短，孩子如果是自己走的，那一定不会走太远，一定会回来找我。所以我决定在原地继续找。

时间大约已经过去了10分钟，我感觉嗓子都喊哑了，但我依然在周围边喊边寻找儿子的身影。

又过了一会儿，我隐约听到有回应的声音从另外一边传过来。我再接着喊，他终于从旁边另外一座滑梯上跑了下来。

看到他跑出来，我终于松了一口气。

为了避免情绪太过强烈吓到他，我努力保持克制地对他说："刚才找不到你，妈妈非常担心。你把我吓到了，因为我以为我把你弄丢了。下次你如果要去别的地方，一定要先告诉妈妈。"

他点点头说："妈妈我可以到那边去玩吗？"接下来，他每到一个地方就要跟我确认一下。

至此，一场虚惊才算结束。

04

带孩子在公共场合玩，是在所难免的，通过以上两件事，我自己进行了一个小复盘，总结了以下几个注意事项，供大家参考：

带孩子出去玩，一定不能玩手机

这是重中之重，不要以为孩子到了游戏区就安全了，家长可以忙里偷闲刷个手机。有些游乐场所还贴心地设置了无线Wi-Fi，好增加家长的逗留时间。但是无论是室外还是室内的游乐场，一来人多孩子容易走失，二来即便不走失，公共的游乐设施是孩子混龄一起玩的，太小的孩子在里面也容易发生踩踏等安全问题。

独自带孩子出门，尽量不要离开孩子

家长独自一人带孩子出门时，尽可能待在孩子周围，千万不要以为自己快去快回，时间很短就没关系。

如果是要去洗手间，或者像上面那个奶奶一样要给孩子装水，可以先跟孩子说明，让他在原地等待，或者请游戏区的工作人员帮忙照看一下孩子。不然孩子看不到家长，会因为害怕到处去找，也容易走失。

多个家长带孩子出门，不要相互依赖

多个家长带孩子最容易发生"三个和尚没水喝"的问题。他们往往会相互依赖，孩子在那里玩，你以为我看着，我以为你看着，结果大人们都各玩各的了，孩子根本就没人照看，造成孩子走失或者被拐骗。

不要想当然，高估自己的盯人能力

就算你的眼睛是24小时的摄像头，监控器也会有视觉盲区。所以带孩子出去，千万不能想当然。比如，你明明看到孩子在这里玩，但可能一转眼孩子就跑到了别的地方。

很多儿童拐卖、走失、溺水的案例都是转眼之间发生的。

发生问题后，一定要尽量保持冷静

发现自己的孩子不在视线范围内了，肯定会惊慌，但要努力让自己尽快恢复冷静，仔细查找。多问问周围的人，分析具体情况，寻找线索。特别是大一点的小朋友，只要他们一起玩过，就会有印象。

比如，当时如果我没有恢复冷静，没待在原地而是到处乱找，这样很可能孩子找回来，看不到我，就会从贪玩变成了真正的走失。

不放过任何一个细节

儿子跑下来的那架滑梯，我明明也是检查过的。但可能找的时候太心急，并没有发现他。

所以遇到孩子走失的情况，自己一定要保持冷静，仔细查找，确认。

找到孩子后，不要过分责备

如果是孩子贪玩造成的走失，找回来后不要一味地责备孩子，只要尽可能具体详尽地描述自己在找不到他的时候的感受，让他知道妈妈的担心。

如果一味责备孩子，孩子反而会因为害怕被骂、被责怪，下次想去别的地方玩，又不敢告诉你，继而发生同样的状况。

那天我自己是真的吓坏了，但是依然不想给孩子造成太多的负担，所以选择冷处理了这件事。

每逢节假日和寒暑假期，都是孩子发生意外伤害的高峰期，爸爸妈妈如果带孩子外出，一定要照看好自己的孩子，这是为人父母最重要的责任。

把孩子喂胖不是爱

01

跟朋友约饭，看到对方的孩子，就顺手从包里抓了几块巧克力饼干递过去。朋友虽然接下来，但略显尴尬地说："我孩子不吃这个的，因为我家从来不买任何零食。"

我听了特别惊讶，问："什么零食都不买吗？那孩子平时不会饿吗？上次我在你家，还看到过小猪佩奇饼干呀？"

朋友说："我们自己是什么零食都不买的，上次的饼干是外婆给买的。孩子饿了，可以吃水果，我们家水果从来不断的。"

朋友家的孩子比我儿子小一岁半，虽然不是很高，但身材匀称，各方面都发育得不错。再回头看看儿子，虽然胖乎乎的惹人喜爱，但真的已经到了需要控制体重的地步。

02

其实，对于孩子吃零食的问题，我也很上心。

　　我妈妈在他们小区里开了个小超市，各种零食如果我儿子想要都能轻易获得，所以我平时就很有意识地控制孩子吃零食尤其是糖果的频次和数量。可越不给他吃，他就越想吃，每次到外婆家都要为了棒棒糖而闹上一回。

　　每次带他出门玩的时候，我怕他饿，还会习惯性地带上点儿零食，然而这似乎在无形中养成了他吃零食的习惯。尽管，我已经尽量给他买那种低糖低盐低热量的健康零食，可是再健康也还是零食啊。之前的感受还不太明显，但跟朋友家一比，觉得自己在这方面的做法的确有欠缺。

03

　　早前看过黄磊的一个采访，从他应对孩子吃糖的问题中，得到一些启发。

　　黄磊说，开始因为害怕孩子吃糖会坏牙齿，他们就把糖果盒放到最高的柜子顶上。可是因为孩子太想吃了，就自己踩着椅子去拿，这样不仅没起到控制孩子吃糖的效果，还徒增了孩子的安全风险。后来，他们就把糖果点心摆在孩子能看到的茶几上，想吃的时候就能吃到，孩子反而对零食没有那么大的兴趣了。

　　另外，尹建莉老师在她的《好妈妈胜过好老师》中提到过一个案例，也值得借鉴：

　　有个妈妈是坚定的零食戒断者，基本上不允许孩子吃零食，尤其是那些垃圾食品。但她不是简单粗暴地限制，而是一直采用隔绝的方式，让孩子不接触那些东西。

　　她认为一个人的口味是从小培养出来的，平时认真给孩子料理一日三餐，做的菜可以当菜谱，色香味俱全，从不把垃圾食品带回家，也从不让孩子吃外面的东西。

如果遇到别人塞给孩子垃圾食品，她哪怕得罪人也一概拒绝，从来没有通融过一次。形成习惯之后，哪怕妈妈不在身边，孩子也不会接受别人递过来的糖果饼干了。

04

孩子的自控能力差，现在的零食又包装得极其精美，很多包装上还印上了小猪佩奇、汪汪队这样孩子熟悉的卡通形象，孩子难以抵挡其诱惑，这是本能。但孩子的口味和习惯的培养，关键还是要靠家长来把握。

比如，我自己也是比较胖的，因为在我的记忆中，我爸妈也是习惯在两餐之间吃些饼干充饥，但到了正餐也没减少饭量，所以就一天天胖了起来。所以，想要孩子在零食面前"坐怀不乱"还得从父母自己做起。

家长自己不要主动吃零食

孩子看到爸爸妈妈在吃，自己当然也会忍不住。也不要主动给孩子零食，孩子饿了会跟你说。

外出游玩，不要零食不离身

这一点我自己要检讨，其实外出游玩，带上水就可以了。如果真的饿了，哪里都能买到吃的，无非贵一点，但这样一来减少了不必要的零食摄入，二来也减轻了出门大包小包的压力。

不要过分压抑孩子吃零食的欲望

如果不能坚定地做一个零食绝缘体，就不要太过压抑孩子吃零食的欲望。越是压抑，越会激起孩子对零食的兴趣。有时候孩子想要某一种零食，不是真的想吃，而是好奇是什么味道。所以他们吃了这个，又想吃那个，甚至会把所有的糖果都剥开舔一下。

我儿子最喜欢的就是大杂烩，把所有的东西都混在一起尝一尝，看是什么味道。只有什么都尝过了，他才能确定哪种最好吃，这也是孩子进行味觉探索的一个过程。

一日三餐要定时，营养搭配身体好

有时孩子想吃零食，真的不能怪他们。放学回来，饭菜还没做好，孩子的肚子已经饿得咕咕叫，难免会拿零食来充饥。到了吃饭的时候又吃不下。晚上写完作业又觉得饿了，想吃点什么填肚子……如此循环往复，便会养成一系列不好的饮食习惯，严重的还会影响孩子的营养摄入和身体健康。

如果三餐定时，孩子饿的时候能吃饱吃好，自然也就不会老想吃零食了。

最后，对于孩子吃零食的问题，不仅自己要提高认识，还要做做老年人的工作，因为有一种饿，叫"姥姥觉得你饿"。

不要因为一时的心疼把孩子喂成小胖墩，危害他一辈子。

孩子的性教育，要从家长抓起

01

2017年夏天，在成都的地铁上，一位奶奶带着一个全身只穿一条短裤的小女孩的照片迅速引起了大家的关注。

有人评论说："多少给孩子穿个短袖啊，毕竟是女孩子。"也有人说："这位奶奶一定不知道'恋童癖'吧！"还有人说："说了不要让老人带孩子不要让老人带孩子，看吧！"

虽然也有少部分人表示，这种情况算不了什么，自己老家农村小女孩都是这样。但是这个只穿一条短裤的小女孩，并不是出现在农村，也不是在自己家中，而是在地铁这样的公共场合，这样的做法无论是从小女孩自身安全角度，还是从公共场所文明的角度，都是非常不妥的。

奶奶带孩子不讲究，那亲妈应该会考虑得全面一些吧。

还有一则新闻，说因为天气热的缘故，一位杭州的妈妈带着自己四岁的儿子去了游泳馆的女更衣室换衣服。但无论他们怎么协商，管理员阿姨都不同意让小男孩进入女更衣室，理由是超过三周岁的孩子一律不能进入异性更衣室，最后管理员阿姨还把这位妈妈给骂哭了。

看起来是管理员阿姨不讲情面，但她恰恰是在保护孩子的性别意识。

3周岁以上的孩子，已经对自己的性别有了一定的认识。如果所有的家长都像以上的妈妈和奶奶一样，从小没有给孩子建立起身体的界限感，将来孩子很可能就会缺乏保护自己的意识，对性的理解和认知也容易模糊不清。

02

在我们所接受的文化里，多数人从小对于裸露的界限缺乏概念。我们从小穿开裆裤，随地大小便，任意裸露自己的生殖器，也被视为平常，小孩嘛。至于身体什么部位可以给人看，什么不能，几乎就没人教过，这才使"领四岁男孩进女性更衣室"的妈妈和"带着全身只穿一条内裤的小女孩坐地铁"的奶奶，这样的现象层出不穷。

家长自己连身体应有的界限在哪里都不知道，又何谈要保护孩子，防性侵呢？

这一点，日本的父母就做得比较好，不仅从小就教育孩子不能暴露隐私部位，如果在游泳馆这样的公共场所，要换衣服时也会让小朋友脱掉上衣后，穿上小斗篷，才脱下内裤换上泳裤。

上海也有些游泳学校，针对父母独自带孩子的情况开设了第三更衣室，也是不错的解决方法。

03

"孩子还这么小，他们懂什么？"也许很多家长都有这样的
想法，但是你嫌性教育太早，坏人永远不会嫌你的孩子太小。

从事性教育20多年的胡萍老师在《善解童贞1》里介绍过：
"孩子从出生就开始了对性别的认识，绝大部分的孩子在3岁左
右对自己的性别有了稳定理解和认同。"

孩子的性别意识和角色的发展来自父母的教养方式和孩子自
身的学习。

通俗地说，孩子哪怕再小，也是有自己隐私的，而且孩子对
自己性别意识的发展和认知，完全取决于家庭的教养方式。

朋友家的男宝宝七个月时，由于天气炎热平常在家就没穿
尿不湿，当她看到奶奶抱着孩子出去玩的时候也光着屁股，便及
时制止了。在她耐心的劝说下，奶奶终于认同孩子得有自己的隐
私，现在出门即便不穿尿不湿，也会穿个小内裤。

所以，孩子不是不能交给老人带，而是父母把孩子交给老
人看护的时候，自己在孩子养育责任的问题上，特别是性教育方
面，一定不能缺席。

04

如果说，3岁的孩子仅仅是认知了自己的性别，那六七岁的
孩子，就不得不提"身体害羞感（body shame）"的概念了。

孩子六七岁时会发展出一种对自己身体害羞的感觉，这时候
孩子开始拒绝在他人面前暴露自己的身体。这种害羞虽然在面对

异性时似乎更为强烈，但对同性也是存在的。

所以当孩子到了六七岁，有身体害羞感时，也需要家长正确的引导。

比如，天气炎热时，不少爸爸只穿一条短裤，妈妈仅穿一个小吊带，里面甚至不穿内衣，就在家里走来走去。这就破坏了孩子身体的害羞感，甚至打破了孩子刚刚建立起来的身体界限。

爸爸妈妈平时穿衣服的模式也会被孩子记在心里，同性的孩子会进行模仿，异性的孩子会在心理上形成认同。这在无形之中，就给那些意图不轨的性侵者（或恋童癖）以可乘之机。

还有，千万不要觉得"怪蜀黍"只会对女孩下手，美国知名乐队林肯公园主唱查斯特·班宁顿的实例告诉大家，小男孩也会成为被侵犯的对象，其造成的生理心理伤害，一点也不比女孩少。

05

最后爸爸妈妈自己的行为举止，也要给孩子树立一个好的榜样：

▷ 哪怕天气再热，哪怕是在自己家里，也不要让自己和孩子的穿着太过随便。

▷ 在公共场合要注意衣着是否得体。男女有别，孩子也是有隐私和自尊的，所以该穿的穿、该挡的挡，保护了孩子的安全，也保全了自己的体面。

▷ 父母亲热要避讳孩子。

曾经看过一个短片说，第一个孩子出生后，夫妻俩竟然十年没能同床睡，每次亲热都是在各种意想不到的地方，然后这十年间他们居然还生了三个孩子。

虽然这对夫妻的做法有些夸张，但亲热时避讳孩子是非常有必要的，不然要是孩子撞见，一句"妖精打架"是没办法解释的。

正常的拥抱、亲吻，可以让孩子也参与其中，分享你们的甜蜜，并告诉他亲吻可以让相爱的人更加爱对方。

▷ 电子产品中不要存放不雅视频和图片。只要是孩子可能会接触到的电脑或手机，请千万千万不要存放两性过于亲密的视频和图片，否则就是你自己把孩子往大灰狼的怀里送！